我的图书馆

第二版

WODE TUSHUGUAN

主　编　柳金发　李其港
副主编　唐丽聪　韩　玲　王忠义

电子科技大学出版社

图书在版编目（CIP）数据

我的图书馆 / 柳金发，李其港主编. —2 版. — 成都：电子科技大学出版社，2015.9（2018. 8 重印）

ISBN 978-7-5647-3253-0

Ⅰ. ①我… Ⅱ. ①柳… ②李… Ⅲ. ①武汉职业技术学院－院校图书馆－介绍 Ⅳ. ①G259.256

中国版本图书馆 CIP 数据核字（2015）第 205545 号

内 容 简 介

本书介绍了武汉职业技术学院图书馆的概况、办馆理念及规章制度，也介绍了该馆提供的各项传统服务措施，以及近年来创新的服务方式。为指导读者检索查阅，本书还简要讲解了纸质文献与数字资源的基本知识以及《中国图书馆图书分类法》基本内容，介绍了馆藏布局，提供了本馆主要数字资源使用方法。本书注重实用性与知识性的有机结合，旨在帮助读者方便、快捷、高效地利用图书馆的文献资源和服务，获取工作学习所需信息，同时提高信息素养，培养终身学习的能力。

本书可供武汉职业技术学院师生员工，及其他欲使用或了解本馆的读者阅读使用。

我的图书馆（第二版）

主　编　柳金发　李其港

副主编　唐丽聪　韩　玲　王忠义

出　　版：电子科技大学出版社（成都市一环路东一段 159 号电子信息产业大厦　邮编：610051）
策划编辑：李述娜
责任编辑：李述娜
主　　页：www.uestcp.com.cn
电子邮箱：uestcp@uestcp.com.cn
发　　行：新华书店经销
印　　刷：成都蜀通印务有限责任公司
成品尺寸：185 mm×260 mm　印张 8.75　字数 218 千字
版　　次：2015 年 9 月第二版
印　　次：2018 年 8 月第三次印刷
书　　号：ISBN 978-7-5647-3253-0
定　　价：29.80 元

前　言

高职院校图书馆是学校的文献信息中心，是院校建设、教育教学、科研服务以及培养高素质专业技能人才的重要组成部分。在当今互联网发展的新时代，它所提供的服务也已从传统的图书借还延伸到网上书刊查询、预约、外借和全文传递、下载。同时，它还以自己特有的文化信息传播方式对大学生世界观、人生观、价值观的形成及在专业技能培养、人文素质教育和思想道德形成等方面产生着积极的影响。

为使广大读者尽快熟悉图书馆的文献信息资源、网络环境、服务方式等相关知识技能，充分利用图书馆的各种资源，使馆藏资源发挥最大效益，我们编写了这本《我的图书馆》并奉献给大家。

本书旨在指导读者用好图书馆，特别是对新进校的大学生介绍了如何在图书馆找到喜爱的书籍、怎样快速获取所需信息资源，以及图书馆的藏书怎样分类、有哪些检索工具、检索工具的使用、查阅方法等。主要内容包括 4 个方面：第一章是学校图书馆概述，使读者了解图书馆建馆历史、馆藏结构、馆室分布、开放时间，有助于读者较快地掌握打开知识宝库的钥匙；第二章是规章制度，使读者能自觉遵守图书馆的行为规范，维护良好的读书秩序，做文明读者；第三章是图书馆服务，介绍了为读者提供的基本文献服务和知识服务；第四章、第五章是纸质文献资源和数字文献资源，帮助读者熟悉图书馆纸质文献、数字文献和网上文献信息资源利用的知识技能，为有效利用图书馆的文献信息打下基础。

本书由武汉职业技术学院图书馆的柳金发、李其港主编，具体分工如下：第一章、第三章的第二节由柳金发编写；第二章由唐丽聪编写；第三章的第一节、第五章的第一节由韩玲编写；第四章由王忠义编写；第五章的第二节由李其港编写。

亲爱的读者，我们图书馆全体工作人员热情欢迎你们，愿为你们提供良好的学习环境和服务，并希望《我的图书馆》能为你们搭桥引路，打开获取知识、信息之门。

编　者

2014 年 8 月

目 录

第一章　概　　况

第一节　图书馆概况

武汉职业技术学院（以下简称武职）图书馆坐落于东校区校园的中心位置（如图1-1所示），成立于1973年，其前身为武汉无线电工业学校图书馆。1999年又先后与湖北省国防科技大学、湖北省电子工业学校、湖北省纺织工业学校合并，图书馆的规模迅速壮大。40年多年来，图书馆外观形象和内涵建设都取得了不俗的成绩，特别是2002年我校图书馆通过了湖北省高校图书馆自动化测评，正式迈开了数字图书馆的建设步伐，到2013年底，经过十年的奋斗，实体图书馆与虚拟图书馆都有了飞跃发展，以先进的信息技术、紧随时代的办馆理念、丰富多样的馆藏，为学校教学和科研提供着强有力的文献保障，成为学校文化建设的阵地、传播知识的圣殿、孕育人才的第二课堂。

图1-1　武汉职业技术学院图书馆

图书馆现有馆员42人，其中具有本科及以上学历者23名，副教授职称4人，中级职称15人。

学校图书馆建筑面积1.8万平方米，馆藏文献丰富，其中纸质资源达108万多册，电子资源10多种。图书馆读者流通量年平均约为30万人次，有10个阅览室，1000多个阅览座位，1300多种现刊、报刊。图书馆馆藏的信息资源涵盖了学院的所有专业，馆藏文献结构合理，能满足全院教学和科研的需求。

图书馆于2002年建立了网络环境下的图书馆自动化体系，开始使用自动化管理系统ILasII，2013年升级到ILasIII，兼容性更强，参考咨询和个性化服务功能更全，能为读者提供快捷便利的书目查询、文献借阅、网上续借、咨询检索、课题服务、资源导航、用户培训等多种网络服务，实现了与数字化校园和一卡通对接。

图书馆建立了 WWW 主页，美观简洁、功能全面，全天候开放，实现了对传统业务在时间和空间上的延伸和拓展，包括书目检索、电子资源、特色资源、学科导航、读者指南、网络导航、馆藏分布、管理制度、网上培训与咨询等栏目。图书馆可以通过网站对各类服务的现状与历史调查，实现读者荐购、实时咨询、满足读者个性化需求，读者也可以通过网页进行个人资源建设与管理、提出各层面服务请求等。

图书馆已加入“中国高等教育文献保障系统（CALIS）”，并分享湖北省数字图书馆基础数据库，还建立了一站式学术搜索平台，今后将分阶段逐步实现与全国高校图书馆数据资源的共建、共享。

图书馆下设综合办公室、采编部、流通借阅部、信息技术部等业务部门，开展文献采访、分编、流通、阅览、查询、导读、数据库建设、信息咨询、定题跟踪、用户培训等服务工作。

2012 年“百度新语”休闲书吧在暑假完成基本建设，经过筹备，于当年 12 月 18 日开业，美化了图书馆环境，延伸了服务内容，拓展了服务空间。

2002 年，在湖北省高校图书馆自动化测评中，图书馆被评为自动化工作优秀馆。2004 年，在全国高职高专人才培养水平评估中，被评为合格图书馆。

图书馆的建设目标将以学院的教学科研服务为方向，以《普通高等学校图书馆规程》为纲领，以优化文献资源配置和调整馆藏结构为重点，进一步完善图书馆的自动化、网络化服务体系，逐步实现图书馆工作的三大转变：即从传统图书馆向数字化图书馆转变；从初级的被动服务向高级的多层次服务转变；从馆藏保存型向信息资源开发利用型转变，使图书馆的发展步入学院同步发展的快车道。

第二节　机构设置及各部门工作职责

一、图书馆的机构设置

图书馆实行院长领导下的馆长负责制，设馆长、副馆长。馆内设馆务委员会，成员由馆领导与各部主任组成，图书馆内设一室三部：馆办公室、信息技术部、采编部、流通阅览部。图书馆机构设置如图 1-2 所示。

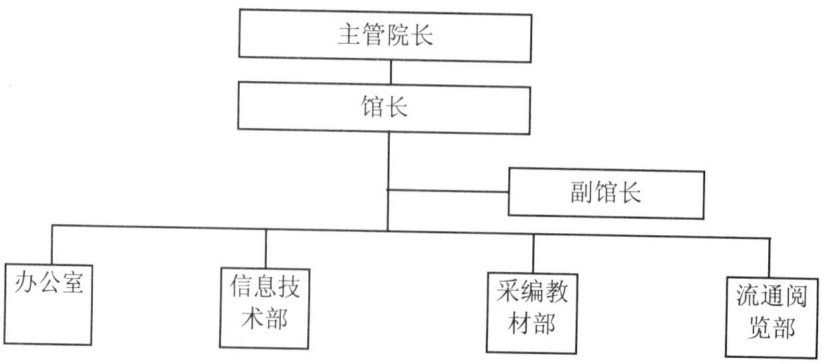

图 1-2　图书馆机构设置

二、馆内各部门工作职责

（一）馆办公室主要职责

馆办公室的主要职责是协助馆长处理和协调图书馆日常事务和各部门业务。

（1）行政管理：图书馆公章管理，馆内会议及相关通知公布，与校内各部门联络与沟通，对外联系、接待工作、会议室管理。

（2）人事管理：负责全馆人员信息统计，全馆教职工的考勤，节假日值班工作安排，考绩、评优、评选职称材料的组织，勤工助学学生手续办理及管理等工作。

（3）资产管理：负责办公用品计划、保管及发放；各种小型设备的采购、分配、领用、管理及固定资产登记、报废工作，设备、设施维修报装的联系工作。

（4）档案管理：图书馆公文、资料、合同等资料的收集与存档工作。

（5）协会服务：湖北省职教院校图书馆协会的联络、资料整理及上报；教育部高等学校图书情报工作指导委员会、省图书学会、省高校图工委等上级有关部门的联系协助工作及会议服务工作。

（6）科研管理：负责全馆科研统计、上报。

（7）协助馆长负责全馆规章制度的制定、修订、宣传和监督执行；年度工作计划的制订、落实与总结。

（8）完成馆长交办的其他工作。

办公室地点：图书馆附二号楼406室；联系电话：027-87768008。

（二）信息技术部主要职责

信息技术部下设信息技术室、电子阅览室、期刊阅览室，其主要工作职责如下：

（1）数字图书信息资源招标、采购及建设。

（2）图书馆网站建设、上传、维护与更新。

（3）图书馆数字资源管理系统（ILasIII）安全运行、使用、统计、维护、管理及数据备份。

（4）负责全馆系统软件、数据库的安装维护工作，计算机硬件故障的排除及维修。

（5）电子资源的阅览服务和管理、计算机及网络培训、电子资源利用培训辅导、信息咨询服务和非印刷型文献服务，包括解答咨询、文献代检索、文献传递、定题服务、网络导航、特色数据库建设等。

（6）期刊阅览室向读者提供当年杂志、报纸借阅服务。

（7）电子阅览室向读者提供上机学习、电子资源查询等信息服务。

（8）图书馆讯、“凌家山”讲坛、图书馆宣传等工作。

（9）完成馆长交办的其他工作。

各室工作地点：

部主任办公室：图书馆附二号楼407室；联系电话：027-87767060。

信息技术室：图书馆附一号楼202室；联系电话：028-87764043。

期刊阅览室：图书馆附一号楼201室。

电子阅览室：图书馆附一号楼 401 室。

（三）采编部主要职责

采编部下设图书采编室、期刊采编室、教材室，其主要工作职责如下：

（1）全院文献资源的建设、规划、协调及组织，包括文献采集、整序、加工，国际国内书刊交换和接受赠书。

（2）图书馆图书资源采购，到馆后的拆包、验收、入库。

（3）图书加工：图书编目、校正、典藏、盖章、贴条码、贴磁条等。

（4）负责文献典藏分配及入库交接工作。

（5）负责对我院各系、部、处室以及全体教职工所需的图书信息进行采集、整理、筛选和订购工作。

（6）杂志、报刊征订及验收，过刊装订、验收、编目。

（7）全院教材的订购、分发等。

（8）负责文献的宣传、参考咨询、导读“笃学读书社”指导等工作。

（9）完成馆领导交办的其他工作。

各室工作地点：

部主任办公室：图书馆附二号楼 202 室；联系电话：027-87769788。

图书采编室：图书馆主楼一楼 107 室；联系电话：027-87768012。

期刊编目室：图书馆附二号楼 306 室。

教材室：校园书店旁；联系电话：027-87768014。

（四）流通部主要职责

流通部下设综合书库和文学书库，其主要工作职责如下：

（1）协助采编部做好新书清点、签收、检查、入库工作。

（2）负责馆藏图书借还及图书阅览服务，包括借阅管理、借书证挂失、预约借书、网上续借、学生离校手续办理等。

（3）图书上架、整架、保管、修补、剔旧、调整及巡视工作和书库的管理。

（4）协助读者查找文献资料，书库卫生安全。

（5）图书赔付。

（6）提留书库（密集书库）的管理。

（7）完成馆领导交办的其他工作。

各书库工作地点：

部主任办公室：图书馆主楼一楼 103 室；联系电话：027-87768011。

综合书库：图书馆主楼一楼大厅；联系电话：027-87768013。

文学书库：图书馆主楼三楼 301 室。

（五）书吧主要职责

书吧主要职责是为读者提供开放、休闲、轻松的阅读环境。

工作地点：图书馆主楼一楼大厅；联系电话：027-87766803。

第三节　布局指南与开放时间

一、布局指南

（一）主楼

1. 流通部书库

流通部为读者提供图书的全开架借阅服务。东、南面为综合书库（如图 1-3 所示），借还手续在一楼办理，从一楼门禁进入可分别到达二楼、三楼、四楼、五楼书库（如图 1-4 所示）；文学书库单独设立在主楼三楼西面。

图 1-3　综合书库

图 1-4　书库分布

2. 其他馆室分布

一楼：综合书库借还服务台（如图 1-5 所示）、展厅、大厅检索台（如图 1-6 所示）、流通部办公室、采编部办公室、书吧（如图 1-7 所示）。展厅展示学院发展历史概况；大厅检索台为读者提供图书检索和查询服务；采编部负责所有图书的采购、加工、编目等业务。

图 1-5　综合书库借还服务处

图 1-6　大厅检索台

图 1-7　“百度新语书”吧

二楼：综合书库。

三楼：综合书库、文学书库（如图 1-8 所示）。

四楼：综合书库、提留书库（如图 1-9 所示）（不外借）。

五楼：综合书库、提留书库（如图 1-9 所示）（不外借）。

图 1-8　文学书库

图 1-9　提留书库

(二)图书馆附一号楼(主楼南侧)

一楼：自习室、学术报告厅。

二楼：报刊阅览室（如图 1-10 所示），有约 100 种报纸和 1000 种杂志。

四楼：电子阅览室（如图 1-11 所示），有 100 个上机机位，可以上网浏览、学习。

五楼：自习室。

图 1-10　报刊阅览室

图 1-11　电子阅览室

(三)图书馆附二号楼(主楼北侧)

图书馆附二号楼如图 1-12 所示。

二楼：馆长办公室、采编部主任办公室、教师阅览室。教师阅览室收藏工具书和新到馆的专业书籍，也对学生读者开放。

三楼：外文及过刊阅览室，有英语杂志和近三年的过刊合订本。

四楼：图书馆办公区，包括副馆长办公室、综合办公室、会议室等。

图 1-12　图书馆附二号楼

二、各馆室开放时间

综合书库：星期一至星期五　8：30～20：30。
文学书库：星期二至星期六　8：30～20：30。
电子阅览室：星期一至星期五　8：30～20：30。
报刊阅览室：星期一至星期五　8：30～20：30。
书吧：星期一至星期日　10：30～22：30。
教师阅览室和外文阅览室：星期一至星期五　8：00～12：00；14：00～17：00。
自习室：每天 8：00～22：00。
注：节假日开放时间以各馆室门前公布的开放时间表为准。

第二章　图书馆规章制度

一、图书馆读者行为规范

1. 校内读者凭本人的有效证件（校园一卡通）入馆；校外读者凭介绍信及本人的有效证件到图书馆联系后入馆。

2. 校园一卡通只限本人使用，不得转借他人，若转借他人造成图书丢失，后果自负；如果未经本人同意或持他人校园一卡通借阅者，按窃书处理。

3. 自觉遵守本馆的各项规章制度，支持工作人员按规章办事。

4. 爱护书刊，不得涂划、污损。如有涂划、污损，按《图书馆书刊赔偿与违规处罚的规定》执行。

5. 爱护馆内设施设备，严禁随意涂抹刻画和破坏设备，违者将视破坏程度予以赔偿。

6. 遵守借阅制度，按时还书，加快流通，提高书刊的利用率。

7. 讲文明，入馆时衣着整洁，不穿拖鞋、背心、球裤。

8. 讲公德，不在馆内大声喧哗，入馆关闭手机。

9. 讲卫生，不在馆内吸烟、随地吐痰、乱扔纸张。

10. 讲礼貌，使用文明语言，不讲脏话，互相尊重。

11. 读者在利用图书馆的过程中遇到任何困难，可找工作人员或到信息咨询部进行咨询。

12. 读者在进入书库和阅览室之前，将所带的书包、图书、文件夹等个人物品放入存包柜内，所存物品当天必须取出，闭馆后不准占用存包柜。

13. 本馆电子阅览室、书吧实行收费制，所有收费馆室一律不收取现金，用校园一卡通支付。

14. 严重违反图书馆制度的读者，停止其借阅权。

15. 读者离开学校前，应到图书馆办理图书归还注销手续。

二、校园一卡通在图书馆使用管理规定

1. 一卡通是读者进入本馆的凭证，读者进入图书馆应随身携带一卡通，自觉接受工作人员的检查并按其规定使用，若违反视情节进行批评教育、短期或长期禁止入馆等处理。

2. 全校教师、工作人员和学生按学校有关校园一卡通的管理办法要求到校卡务中心办理校园一卡通。

3. 用校园一卡通在图书馆借书只限本人使用，不得转借、代借，因转借、代借而造成的后果，由领证人自负。

4. 凡校园一卡通上无照片、证号、姓名，模糊不清或经过涂改，且无其他有效证件

证明其身份者，不得借阅图书、光盘、续借图书等。

5．不得伪造、冒用他人一卡通证件借阅图书，一经发现均按窃书论处，缴收该证件并取消借阅资格，并交有关部门处理。

6．要妥善保管一卡通，如有遗失，除应立即到学校卡务中心挂失外并补办，原证找到后可凭本人有效证件和原证解除挂失；挂失前已被借出的所有图书由该证所有人负责归还或赔偿。

7．教职工调动工作，出国、进修结业等，学生毕业、转学、休学、退学，必须还清在本馆所借的全部图书文献及缴清所有累计罚款，并到图书馆办理校园一卡通注销手续后，方可办理离校手续。

三、流通部书库藏书借阅制度

（一）借书

1．凡来我馆借阅书刊的读者，一律凭本人校园一卡通借书。

2．教职工读者一次性可借书 12 册，其中 10 册专业书，2 册文学书（I 类），借书期限 180 天。学生读者总共可借书 5 册，其中专业书 3 册，文学书（I 类）2 册，借书期限 60 天。读者可对所借图书续借一次，期限为 30 天。

3．读者借书时应当面检查，发现所借图书有污损、残缺或与书名内容不符等情况，须立即向工作人员声明，并加盖印记，否则，在还书时发现以上情况，应由借书人负责。

（二）还书

1．读者请在规定的期限内还书，以方便他人利用。

2．读者可以在还书处办理还书手续。超过规定期限还书按图书馆相关规定缴纳滞纳违约金。

3．读者归还的图书若有未加盖印记的污损，应予以批评教育，并按图书馆相关规定处罚。

4．读者所借图书归还日期逢寒暑假，图书馆系统会自动将还书日期调至开学以后一周内归还。还书时间在假期的图书，假期不计算逾期滞纳金，若在开学后一周内未归还，则寒暑假一并按超期处理。

（三）催还

读者可在图书馆主页查看到自己所借图书的借阅时间及到期时间。

（四）续借

1．读者根据需要，除 I（文学）类书外其他书籍均可续借一次，续借期限为一个月。

2．到馆续借：读者可拿本人校园一卡通或者需要续借的图书到图书馆办理续借。

3．网上续借：读者需进入图书馆主页（图书文献中心）单击“用户信息”，输入校园一卡通号码（登录无须输入密码）进入借书情况页面办理续借。

4．到馆续借须在所借图书到期前、网上续借须在所借图书到期前三天，并且逾期违规金小于 1.00 元的情况下办理，续借期从续借之日算起。

四、读者违规处理规定

1．书刊封面、扉页、封底等被污损、不影响正文阅读的：中文书刊按书价的20%赔偿，外文书刊按书价的30%赔偿。

2．书刊正文被污损，可赔偿同版本书刊，并按书价的10%交纳书刊加工费；不能赔偿原书刊的：中文书刊按书价的40%赔偿，外文书刊按书价的50%赔偿。

3．丢失图书，可赔偿同版本原书，并按书价的10%交纳书刊加工费；不能赔偿原书刊的：1990年以前出版的图书，按书价的5倍赔偿；1990年后出版的图书，按书价的3倍赔偿。

4．丢失书刊，可赔偿同名同期刊物；不能赔偿刊物的：合订本按全册书价的3倍赔偿，单本期刊按全册书价赔偿。

5．赔款后找到丢失的书刊，15天内还回者，退还其赔款的90%，15天以后，不办理退款。

6．所丢失书刊如属被盗的，须持保卫部门的证明，按书刊原价赔偿。

7．珍贵、绝版书刊污损与丢失的赔偿，视其价值，另行决定其赔偿额。

8．在架上乱抽、乱插、乱放或一次抽拿多本书刊者，给予其批评教育，并停止其借阅权10天。

9．恶意剪裁、撕毁书页，按书价的5倍予以赔偿。

10．有意损坏书标、条码或将其“移花接木”者，按书价的5倍予以赔偿。

11．使用他人一卡通借书，应对当事人给予批评教育，并停止双方借阅权30天；若被证实一卡通所属者并不知情，当事者的行为视为窃书，处以罚金200元。

12．未办理借阅手续携书离馆者，视为窃书，处以罚金200元，同时报学工处备案，情节严重者，移送本院保卫部门处理。

13．在图书馆任意吐痰，乱丢纸屑、果壳，抽烟，踩踏书架、阅览桌椅者，责令其打扫清洁卫生，罚款5元，并按相应规定处理。

14．损坏图书馆设施须赔偿材料及修理费或按原价赔偿，故意损坏情况严重者报学院处理。

五、电子阅览室管理规定

为了维护电子阅览室安静、有序、文明的阅览学习环境，营造身心愉快的学习氛围，保障广大读者的良好学习条件，读者应自觉遵守如下规定：

1．电子阅览室对本校师生员工开放，读者需持本人的一卡通到电子阅览室经验证后方可入室阅览。

2．电子阅览室实行收费上机，收费标准每小时人民币一元。

3．先交费、后上机，随时交费，随时上机。读者凭校园一卡通到电子阅览室交费后，即可在指定的机位上机。

4．凡到电子阅览室上网、上机的读者，均要遵守本室管理制度，服从工作人员管理。

5．保持室内安静，禁止喧哗、交谈、吟唱或朗读以影响他人上机。将手机调至震动或静音，禁止在室内接听或拨打手机。

6．保持室内卫生，读者需衣着整洁，举止文明。不得携带各类包、袋、食品、饮料、口香糖、雨具等物品进入室内；禁止随地吐痰，乱扔废弃物。

7．室内严禁安装、复制游戏程序和玩游戏，不使用其他电器。

8．读者须严格遵守《中华人民共和国计算机信息网络国际联网管理暂行规定》及《图书馆网络管理规定（暂行）》，不查看、不传播网上有损国家尊严和学校声誉的、伤害他人利益的、黄色淫秽暴力的等违反相关规定的内容。

9．严禁删除计算机系统配置及文件，不得随意拔插网线、电源线等连线。为防止病毒侵入，严禁随意安装软件、严禁擅自使用自带光盘和软盘。

10．读者应爱护本室各种设备设施，若有疑问可及时向工作人员询问，否则造成设备损失需照价赔偿。对故意损坏者处以设备价值的 10 倍罚款，并通报所在院系，按学院有关规定处理。

六、图书馆报刊阅览室管理规定

1．本阅览室采用开架阅览方式，读者凭校园卡进入并登记。读者不得带任何书籍和书包进入阅览室；出室，先取证件，再拿其他物品。

2．阅览室所有的期刊、报纸只准在室内阅览，任何人不得以任何理由、任何方式携带出室外。

3．为防止期刊乱架，所有读者一次只能取一本期刊，且不准损坏和撕毁、裁剪期刊，否则一经发现，处以相应杂志全年价 10 倍以上的罚款，读者看完书后必须把书放回到原来的位置。

4．保持室内清洁卫生，禁止随地吐痰、乱丢纸屑，禁止在室内吃一切食物。

5．讲究文明礼貌，不准穿背心、裤衩、拖鞋入室。

6．保持室内安静，禁止喧哗、聊天、谈笑、吹口哨。

7．爱护公物，不得在桌面、墙上涂抹、刻画，如有损坏，责令其修好或按价 3 倍罚款。

8．看完期刊和报纸，归放原处，离开座位时，要轻轻将椅子放入桌下。

9．服从工作人员的管理，做文明读者。

10．违反本制度者，将按馆内有关办法处理，对情节恶劣者，报请学院处理。

七、教师阅览室管理规定

为了更好地为教育、教学科研服务，特制定如下规定：

1．凡本院教师、行政管理人员凭工作证或其他有效证件均可在本室阅览。

2．本室图书、报刊、资料只供读者在室内阅览，不外借，如特殊情况需要经主管院长批准，限期借出使用。

3．本室书刊资料实行开架阅览，阅毕放回原处，不准携出室外。

4．爱护书刊资料，不准折叠、圈点、画线、撕剪，如有上述情况，按规定赔偿。

5．室内必须保持安静、整洁，严禁吸烟和随地吐痰，乱扔纸屑。

6．爱护室内设施。

八、图书馆存包柜使用管理规定

为维护读者公共利益及公私财物安全，请读者自觉遵守以下规定：

1．存包柜供读者临时存放书包等物品，请勿存放食物；为保证个人物品安全，请勿将贵重物品放入存包柜中，如违反规定，发生被盗事件，后果自负。

2．图书馆属一级防火单位，存包柜内不得存放易燃、易爆及其他违禁、危险物品。如违反规定而造成不良后果，将由安全保卫部门追究存包人的责任。

3．读者存包时请记清自己的存包位置，不要误取别人的物品，误取别人的东西未及时退回者将由学校保卫部门按偷盗物品处理。

4．存包柜不能长期占用。每天下班之前，读者务必将所存物品取走。若发现违反规定者，本人须做出书面检讨，并收取每人每天 1 元的占用费。

九、学生勤工助学管理规定

为了合理利用勤工助学经费，充分发挥勤工助学学生的作用，提高工作效率，特制定本办法：

1．勤工助学学生所从事的岗位必须是辅助性业务岗位。

2．勤工助学学生的用工时段分为两种，一种是长期，一个学期或一个假期（寒假或暑假）；另一种是短期，临时工作需要，工作完成即结束，最长不超过一个月。

3．需要勤工助学学生的部门应提前申请，并注明工作岗位和工作时间。长期勤工助学学生的申请须在放假前两周或开学两周内提出，短期勤工助学学生在使用一周内提出（假期不申请短期）。

4．申请图书馆勤工助学岗位的学生必须是国家计划招生的在册本科生和专科声，以生活困难的学生为主，并根据岗位需要，限定部分院系专业学生。

5．申请图书馆勤工助学岗位的学生须提出书面申请，由所在院系签署意见，交院学工处审批同意、图书馆面试合格后，安排到工作部门。

6．部门主任负责勤工助学学生的工作安排、纪律教育和日常管理与考勤。

7．各部门要严格按照办公室分配的名单使用学生，严禁冒名顶替和不经允许中途换人。

8．考勤每月报一次，由部门主任签字后于下个月 3 日前报图书馆办公室汇总。

9．勤工助学学生必须遵守图书馆的规章制度。严重违反纪律和规章制度的，图书馆将予以辞退，并报院学工处处理。

10．勤工助学学生酬金由图书馆报院学工处并根据考勤情况发放。

十、外来人员参观须知

1．校外人员来本馆参观，须事先与图书馆办公室联系，经同意后，方可在规定的时间和区域内进行参观。

2．参观人员须保持安静，入馆前关掉手机，不拥挤，不喧哗。

3．参观人员原则上不能自行进入各阅览室参观。

4. 院内各单位接待的参观团、旅游团，各系办班或临时来访人员未经许可谢绝入内。

5. 国内外图书馆业界的业务访问需提前与办公室联系，办公室根据来访者具体要求，安排有关人员接待。

6．广播电视和新闻单位入馆采访和拍摄，事先须经党办批准，接党办通知后图书馆安排专人接待；原则上不接待商业性制片活动。

第三章　图书馆服务

第一节　读者服务

一、借阅服务

读者可在办理手续后享用图书馆的资源信息，并履行自己义务；读者应爱护馆藏文献，所借阅文献应按期归还，以便其他读者及时使用。

（一）借书

读者借阅书刊的一般程序如下：

（1）利用 WEB 查询系统进入库（室）按目录提供的索书号进行查找，办理借书手续或就室阅览。

（2）进入库（室）前，应利用公共查询系统，了解书刊所在地及馆藏状态等信息，以便有目的地进入库（室），这样可以大大节省时间。

（3）在书库（室）从书刊架上取书刊后，在办理借书手续之前，请仔细查看所借图书有无破损、缺页、污染等现象，如有要及时向工作人员声明，并加盖“已处理”印章，否则，还书时发现上述现象将由本人负责。

（二）还书

读者请在规定的期限内还书，以方便他人利用。读者可以在还书处办理还书手续。超过规定期限还书需缴纳滞纳违约金。

（三）续借

除 I（文学）类书外其他书籍均可续借一次，续借期限为一个月。

（四）预约

如果所要借的图书已被其他读者借出，可以办理预约手续，预约手续在流通书库借书处办理。预约图书到馆后，图书馆将会通知预约人来馆办理借书手续。预约图书将会保留一定期限，到期则预约作废，被预约图书不再保留。

（五）阅览

读者持校园一卡通可在图书馆各阅览室就室阅览。进报刊阅览室阅览须先登记。

二、信息咨询服务

（一）咨询服务

图书馆设有信息咨询员，为读者提供图书馆使用和信息查询方面的各类咨询服务，包括解答读者的询问、推荐相关的文献资料、提供使用图书馆各类文献与设备的指引和帮助。读者可以通过电话（027-87764043）、电子邮件（w_y_m1978@126.com）或在图书馆主页留言板留言等方式提出您的咨询问题。

（二）代检代查服务

图书馆信息技术部可以为院内外用户代查代检各类文献信息，代查代检范围包括本馆文献资料、光盘资源、网络数据库资源以及因特网资源。

（三）定题服务

为节省用户查询、检索所需文献信息的时间，便于用户随时跟踪本研究领域或本行业的最新发展动态，信息技术部能利用馆内外传统文献资源、电子网络资源等开展针对用户提出的特定课题的定题文献资源报道服务。用户可根据自身需要，选择定题服务文献报道的范围（国内外均可）、频率（每日、每周或每月）、格式（全文、文摘或索引）和方式（电子邮件、传真或打印邮寄）。

（四）数字资源检索

图书馆购买各种数字资源以及本馆自建的特色数据库全部免费提供给全校使用。校园网任一节点均可以通过图书馆主页检索各数据库。

注：①图书馆网站在校外可以通过学校主页登录，校园网用户可以直接使用数字资源，校外应用 VPN 登录；②各数据库检索方法详见各网站帮助信息；③浏览各数据库时须下载安装阅读器，每种数字资源库首页均有阅读器下载。

三、其他服务

（一）文献传递

为解决用户获取中外文原文的不便，提高中外文文献资源保障率，参考咨询部为本院师生提供原文订购服务。

（二）读者培训

信息技术部负责对每年新生进行图书馆利用培训、全院学生文献检索课程教学和专题讲座（内容包括文献信息资源利用、院内各数据库检索等）。

（三）读者意见

图书馆主楼一楼设有读者意见箱，接受读者对图书馆工作的意见和建议，读者也可以通过图书馆主页提出自己的意见，还可以通过主页推荐书目。

第二节　教育服务

一、“凌家山”讲坛

胡锦涛同志在清华大学百年校庆的讲话中明确指出，大学要“积极发挥文化育人的作用”，把“文化传承创新”界定为高等学校的基本教育职能。高职教育只有全面履行这一教育职能，才能真正培养出高质量的高素质技能型人才，才能真正成为一种教育类型，高职院校才能不断发展壮大。

（一）图书馆与校园文化

我国著名教育家蔡元培先生曾说过：“欲知明日之社会，先看今日之校园。”校园文化是一种特殊的社会文化，是师生在特殊的环境中创造的、与社会时代密切相关又具校园特色的人文氛围、校园精神和生存环境。校园文化融汇了人类几千年的文化精髓，对道德素质的养成和高素质的人才培养有着特殊意义，在整个精神文明建设中发挥着特殊作用。

大学校园文化是指以社会先进文化为主导，以大学师生文化活动为主体，以大学校园精神为底蕴，由大学校园中所有成员在长期的办学过程中共同创造而形成的学校物质文明和精神文明的总和，精神文化是大学校园文化的核心与灵魂。

集教育、学术、文化功能于一体的高校图书馆，必须责无旁贷地为建设和谐校园文化发挥重要的作用。因此探讨和研究高校图书馆与和谐校园文化之间的关系，对高校图书馆的建设、对校园文化的开展、对良好学风的形成、对高校大学生的成人、成才都具有重要意义。

（二）讲座与大学

大学，泛指实施高等教育的学校，指提供教学和研究条件和授权颁发学位的高等教育机关。能够接受大学教育的孩子是幸福的，大学给予我们相互交流、平等学习的机会；它为我们提供得天独厚的教育资源，它就像是信息交流的大熔炉，这里不仅有情感的倾诉、人生的宣言、智慧的交锋，更有学、才、识的展示和精、气、神的碰撞。

高职院校是应用型人才的培养基地，讲座则是学校教育教学中的一道人文风景。丰富多彩的讲座对于繁荣校园文化，活跃学术气氛，培养学生社会及创新能力等，具有良好的促进作用。而对于高等职业技术教育而言，在“素质教育”理念占据教育主导地位的今天，讲座是其中不可忽视的培养和塑造手段。指导性讲座能给大学生以切实的人生指导，引导他们养成健康的生活方式；学术性讲座是大学生开阔知识视野，发掘学术兴趣和增强学术功底的第二通道，并能广泛涉猎各个学科领域，这对于优化学生的知识结构，提升他们的综合素质具有不可替代的作用。

在讲座这个自由的空间里，学生有机会和来自各个方面各个行业的人接触，能从他们那里听到许多在校园中接触不到的事情；在学术科研讲座上，我们有机会分享专家、学者们潜心研究的成果，聆听他们的观点和见解，了解他们学术人生的平凡与伟大；听了某位成功人士的演讲我们可能会热血沸腾，激发出创业的勇气和信心……以上种种，都是讲座给我们带来的收获。平日里，我们往往不自觉地被束缚在本专业的框架中，一场好的讲座，可以拓展你的知识面，放宽你的眼界，甚至可能改变你的思维方式。每一场新奇的讲座，都有可能是你人生中的一块新大陆。

可以看出，大学是一个非常特殊的空间，它给予大家许多相互交流、平等学习的机会。讲座就是这样的场合，大学讲座已经成为传播知识和文化的一个重要渠道，也是高校精神文明建设的重要组成部分。社会上的各界精英无论多么出色，来这里讲座都得平等地面对学生，所以大学生有条件充分利用大学的有利氛围，在讲座中开阔视野，获取多方面信息的同时，也能更好地拓宽我们的眼界、改变我们的思维方式，更好地认识自己、调整目标。

（三）武职“凌家山讲坛”文化育人的意义

高职教育的使命是为社会生产、服务第一线培养高素质技能复合型专门人才，这一人才培养规格的定位，决定高职教育不仅要关注学生技能层面的问题，而且更应关注学生做人层面的问题，即素质层面的问题。所以，高职教育不是单纯的“基本知识+操作技能”的教育，更不是培养“会干活的工具”；高职教育从培养目标的角度看，应包含三个层次的要求：首要是培养“会做人”的人，重点是培养“能干活”的人，其次是培养“有头脑”的人。

要完成这一使命，高职院校必须全面考虑文化传承、认清文化育人的任务；高职院校必须突破原有的单纯以技能培养为中心的人才培养模式和教育教学方式。高职院校要在人才培养模式上探索新理论；高职院校要在人才培养方案中设计素质教育的新理念、新途径、新方法和新内容，主动担当文化育人的使命，为社会培养具有健全人格的“人”。为此，武汉职院图书馆以“凌家山讲坛”为平台，切入学生文化素质培养，使之成为学校实现人才培养目标的重要途径。

（四）“凌家山讲坛”的由来

武汉职业技术学院内有一座山，名为“凌家山”，山上有校友捐建的校友文化景观园、校友们种植的校友林；山上有湖北省高职唯一的学生户外素质拓展基地；山上有林荫小道，山下有凌家湖；它集湖光山色于一体。“凌家山”不仅是武职人学习、交流的场所，更是武职人提高自我、展现自我、战胜自我的阵地；“凌家山”不仅是武职的一个休闲拓展景点，更是武职的一种文化精神象征。因此，将我馆的构建并实践和弘扬社会主旋律，活跃校园文化氛围，提高学生人文科技素养为特色的名人名家讲座，命名为“凌家山讲坛”。

“凌家山讲坛”是我校图书馆开展学生文化素质育人的切入点，以社会对高职人才素质要求为视点，针对当前高职院校学生普遍缺乏人文知识、缺乏社会责任感、人文素质较低、非专业知识浅薄、社会道德水平不高、是非思维能力不足等问题。有组织地邀请社会知名专家学者等举办人文、社会发展的专题讲座、文化讲评等讲坛活动，引导学生兴趣，丰富学生知识，陶冶学生情操，提高学生素质。

（五）“凌家山讲坛”活动方案

1.“凌家山讲坛”的特色

现代社会是一个需要知识、强调服务、讲究品牌的社会。为此，“凌家山讲坛”要能够顺应这一时代特征，不断创新校园讲座，一是目标上：求精品，要努力办出自己的育人特色，打造出真正属于武职的校园文化品牌；二是思路上：要在变化中求新意；三是内容上：不仅是知识的补给，情趣的添加和视野的开阔，更是人格的升华和素质的提升；四是方式上：把校园讲座的触角延伸至学生活动，与学工、学生社团、工会、院系联“姻”，达到互动互惠、共同发展的良好局面。

2.“凌家山讲坛”的定位

（1）听众定位：服务武职学生。

（2）功能定位：提升人文素养、职业基础素质，倡导文明生活，解读热点话题。

（3）内容定位：讲坛集知识性、趣味性、活动性于一身，突出雅俗共赏、理趣俱佳的特点。根据学生实际需求确定“职业素质基础”、“热点关注”两个主题系列。“职业素质基础”包括历史、文学、艺术、传统文化等人文素养板块；职业心理、职业修养及体现行业特色的职业文化等职业基础板块。“热点关注”紧扣社会政治、经济热点，聚焦学生择业就业话题，通过理性分析、客观评论，深化浅出地为听众释疑解惑，开阔视野。

（4）目标定位：讲坛以丰富的内容、鲜明的观点、通俗的表达，视频、图片、数据手段并用，既使讲座贴近听众学习及生活、寓教于乐，又使听众带着问题进会场，增长知识、启迪思维、开阔视野，带着收获出讲坛，在潜移默化中提升素养。

3.“凌家山讲坛”的策略

（1）讲坛的形式策略

讲座形式的不断创新是打造“凌家山讲坛”品牌的产品策略，是增强讲坛的吸引力、感染力的最根本环节。

①前期策划：注意策划好、组织好每一次讲座，做到每次讲座都有新的形式、新的形象。只有让听众自始至终感受到讲座的新鲜，才能一直保持讲坛的青春活力。

②内容丰富：专家讲解在于主讲者宣扬自己的观点，同时，为避免枯燥，激发听众的爱好，在讲座的活泼性上也下了工夫，除了尽可能选择表述形象活泼的主讲者外，还尽可能地利用多媒体播放讲座的配套内容和图片，给听众以视觉刺激。

③互动交流：主讲者讲完后或讲演中，要留有时间与听众沟通交流。

④讲艺相容：讲座不应局限于某一种形式，还可与表演、朗诵、演唱、对话、展览等其他艺术表演形式结合起来进行。

⑤定期举办：讲坛每月举办讲座 2 次（两周 1 次），保持讲坛的延续性，培养“凌家山讲坛”的忠实听众。

（2）讲坛的宣传策略

强盛的宣传推介造势是打造“凌家山讲坛”品牌过程中的一个重要渠道策略，是展示讲坛品牌魅力的重要方式。

①讲坛标志：要设计好讲坛标志和讲座宣传海报，利用图像精美、令人神往的宣传标志来为品牌造势，在感官上吸引学生的眼球。

②信息发布：通过海报、宣传栏、宣传单、学校网站、学生班级 QQ 群、辅导员 QQ 群等多种途径提早发布讲座的相关信息。

③后期造势：重视讲座的后期宣传造势，要通过学校报刊〔校报、团情快讯〕、网络等报道、评论等媒介报道讲座的内容和效果；同时，注意变一般报道为深度挖掘，重点发掘讲座后衍生的优秀典型事例。

④活动延伸：利用讲坛这个平台，与学生社团合作，通过组织设立 3 个论坛（学习论坛、成长论坛、职业论坛），开展多种形式的听众参与的活动式讲坛活动，如演讲、诗朗诵、学生征文等学生活动，扩大讲座广度和深度上的影响。

⑤成果固化：定期编辑发行讲座光盘、讲座名家宣传刊、学生活动等讲座的固化、成果等，吸引鼓励学生参与。

（3）讲坛的运作策略

有效的市场运作是打造“凌家山讲坛”品牌的促销策略，是扩大讲坛影响力的有效途径。

①名人引领：在主讲人员选择方面，运用名人效应，营造氛围。每学期邀请 1～2 位有知名度和影响力的校外名人专家担任主讲嘉宾，以扩大讲坛的影响力。同时，取得学校及相关部门的支持，由学生提名在校内进行校内主讲嘉宾专家的选择，调动师生参与的热情。

②合作共赢：在讲坛举办主体方面，以图书馆独立主办为主，图书馆、团委、院系协办为辅，有效地扩大讲坛的参与面，调动各方参与的主动性。

③环境营造：在听众培育方面，营造一个学生积极参与的环境，环境带动学生。前期以团委及院系（部门）组织为主，带动学生自发参与为辅；中期以组织与学生自发参与并重；后期则以学生自发参与为主，团委及院系（部门）组织为辅。

（六）“凌家山讲坛”品牌

“凌家山讲坛”是武汉职业技术学院创立的品牌讲座，学生们对它都十分熟悉，学校常会邀请海内外知名人士、某领域专家学者、社会各界精英到校与同学们分享他们在各自领域做出的成绩及对人生的感悟。听取学术讲座时，学生有机会与专家、学者们分享他们潜心研究的成果，聆听他们的观点和见解，了解他们学术生涯的平凡与伟大。听取文化讲座时，学生畅游在古今中外知识的海洋里，使学生对历史事件更深入地分析、对知名人物更深刻地认识。听取专题讲座时，学生与社会精英近距离接触，学习他们的创业史和人生经验，使学生了解学校以外的大千世界，拓展视野。这些讲座不仅丰富了学生的业余文化生活，提高了学生的素质，而且为学生搭建了走近名人名家、相互沟通和展现自我的平台，提升了学生的社会综合能力。“凌家山讲坛”获得了教师的认可和学生的好评，成为我校图书馆服务学生的一个新增长点和亮点，树立了图书馆良好的形象。图 3-1 为杨淑子院士为“凌家山讲坛”揭牌。

图 3-1　杨淑子院士为“凌家山讲坛”揭牌

二、图书馆的课外阅读指导

（一）课外阅读

阅读是人类特有的、最持久、最普通的学习方法。图书馆教师，不仅要利用图书馆的丰富资源，让学生多读书、读好书，而且更重要的是要让学生学会科学的阅读方法，从而提高阅读品味，让学生养成终身利用图书馆的良好习惯，让图书馆真正成为学生获取知识和再教育的重要阵地。

“书籍是人类进步的阶梯”，这是苏联著名作家高尔基的哲言。读好书是人类进步、社会昌明的体现。大学生是沿着书籍筑起的阶梯，不断攀登知识高峰的社会新人。除课堂学习外，课外阅读是大学生业余学习的重要组成部分，课外阅读可以帮助他们构建更加合理的知识结构。如何帮助大学生读好书，学有所得，健康成长，图书馆在这方面可以利用自身的优势有所作为。

（二）我馆开展阅读活动与阅读指导的主要举措

1. 让学生了解图书馆

向学生介绍馆藏图书资源的分布情况、使用方法和藏书范围，向学生介绍本馆的服务方式、岗位设置、人员配备及基础设施，使学生比较全面地了解图书馆，乐意到图书馆来并从中受益。

2. 指导学生利用图书目录和电子检索工具

帮助学生了解各种目录的作用，说明索取号是如何组成的，说明分类目录、书名目录、著者目录的分类体系，以及大类类目表、标识符号等，让学生在利用图书目录中增长知识，完善自身的知识结构。

图书馆实现电子系统服务，极大地提高了工作效率，但是，还有相当一部分学生，特别是刚刚进入大学校门的新生，还不会使用电子检索工具。每当学生向工作人员咨询图书时，工作人员应主动引导学生使用计算机来进行检索，告诉学生如何检索、怎样在网上预约和续借等等。电子检索工具不但简单实用，而且快捷方便，既节约了时间，又提高了效率。

3. 成立“读书社”

“读书社”将相当一部分同学聚集起来，做好学生课外阅读的示范，起到在校园里学生阅读活动的龙头作用，引领校园文化主流，使校园内的读书氛围浓厚。

4. 创办图书馆简报

图书馆创办自己的武职《图书馆简报》，以此作为桥梁，将图书馆、读书社、读者等几方面紧紧联系起来。通过《图书馆简报》这座桥梁，开展新生入馆教育，新书推荐，解答读者咨询，传播读书活动信息，交流读书心得，介绍读书经验，发表读者与读书内容有关的摄影、书法、绘画、文学等各种形式的创作，开展读书问题研究等，很好地将一大批读者团结到了图书馆周围。

5. 开设“校园文化书店”

“校园文化书店”是图书馆领导下服务读者的一个窗口，也是图书馆联系广大读者的又一座桥梁。开设“校园文化书店”的主要目的是利用图书馆进书渠道的便利与优惠，为广大爱好读书的师生出售各种所需图书。读者需要什么书都可以联系“校园文化书店”。

6. 举办读书评书活动

读书评书活动可以使学生了解所读著作的作者写书的历史背景，领会该书所表达的深刻含义，提高识别能力，从而科学地选择图书。图书馆可以在不影响学生学习的情况下，经常性地举办读书评书活动，为使该活动具有广泛性以及长期地开展下去，图书馆应主动邀请专家学者参与，并联合教务处、学生处、学生会等部门共同主办。读书评书活动不但丰富了学生的课余生活，还激发了学生的读书热情。

7. 充分发挥宣传栏、橱窗、网站等宣传工具

图书馆可以通过出墙报、网站介绍等方式剪裁和编辑各种资料来指导学生读书，开辟“新书介绍”、“好书导读”、“名人名家”、“世界名著介绍”等专题栏目来向学生介绍和宣传图书，对学生进行读书指导，如图 3-2～图 3-5 所示。

图 3-2　“好书导读”专栏

图 3-3　“报刊导读”专栏

图 3-4　图书馆导读专栏

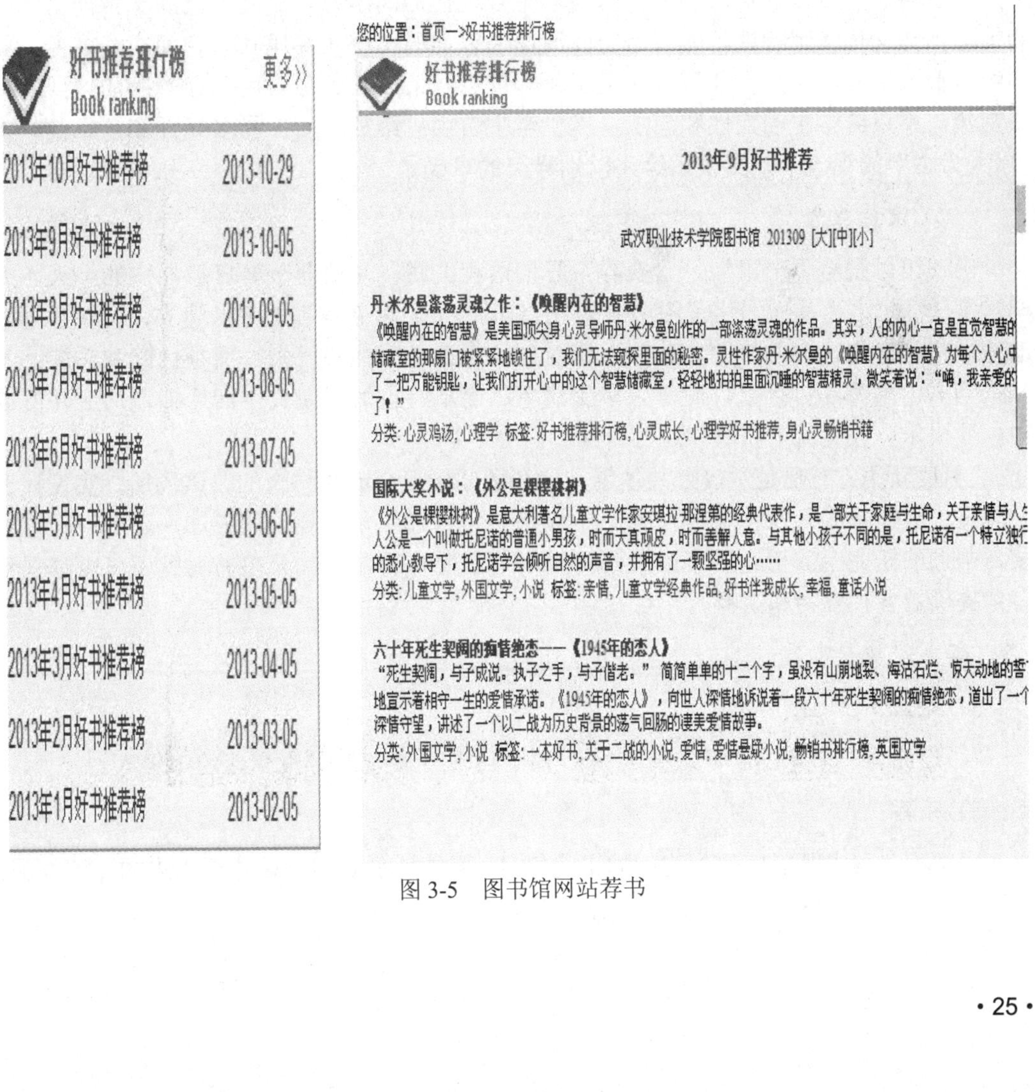

图 3-5　图书馆网站荐书

三、“百度新语”书吧

对于学生来说，学校就是一个小型社区，图书馆是学生在校内学习生活除了教室、实验室（实训工厂）、宿舍外的第三空间，是学生课外学习、交流和活动的重要场所。高职院校图书馆除了图书的借阅功能之外，还要突出图书馆物理空间的价值，利用自身的丰富信息资源、先进设施设备、优质的人际网络，充分开展知识文化服务活动，把图书馆空间作为高职院校学生的“第二课堂”和“家”来营造，让图书馆成为他们团队交互式学习之所，为他们提供思想自由、学术自由、交流自由、批评自由、创新自由之地；把图书馆空间作为高职院校学生的“第二课堂”和“家”，使之成为学校的公共文化教育部门，让其功能从单纯的信息服务向学习共享与交流、文化交流与传递、知识共享、休闲阅读、信息教育发展，形成知识、文化、休闲的集合体，将这一空间带入学生的日常生活和学习之中。

通过整合图书馆各种硬件设备设施、文献资源，以及网络、数据库等虚拟环境的数字资源，图书馆馆员等人文资源，为师生的学习交流，教师科研、教学提供“一站式”服务的“百度新语”书吧。其主要特色有：①适应学生学习方式的改变，为学生创造一个方便、共享、协作的学习环境，以便学生管理他们的学习，提高自己的学术能力和社会能力；②文化休闲特性，图书馆空间改变了以前的传统布局模式，空间布局多变、家具组合形式多样、家具设计符合人机工程，读者以最放松、最自由、最舒服的方式看书或交流，不束缚学生的天性和想法，提供学生自由思维的场所；③多元性和艺术性，在“以人为主”的观念下，图书馆给人以别样美的享受。

（一）设计理念

图书馆总是与“严肃”、“安静”等词语相关联，在社会节奏日益加快的今天，人们常常敬而远之，从而弱化了图书馆的社会功能。“百度新语”书吧的建立，旨在主动地适应现代和未来社会的特性，让师生感受到的不再是压抑和严肃，而是休闲和乐趣；不是来当书山学海的苦行僧，而是来享受清新、简单、自然的现代生活乐趣，达到在阅读中感受快乐、在交流中获取知识的目的。

“百度新语”书吧是学校公共休闲文化和团队学习交流相结合的公共场所，其设计理念就是“家的舒适”和“平等的交流”。读者可以像在家里一样轻松自如，还可以随意着装，强调的是完全放松。所有读者都可以尽情享受家的温馨，而在书吧里还可以享受到有偿提供的各种食物和饮料。

（二）定位与宗旨

1．定位

“百度新语”书吧的读者主要定位于年龄18～35岁喜欢分享交流的年轻人。

2．宗旨

学生置身其中既能感受到浓郁的文化气息，又能感受到图书馆营造出来的休闲氛围，促进协作式学习，这是“百度新语”书吧的宗旨。

（三）书吧特色

书吧立足于现代信息技术，可为读者提供多媒体、超文本、超媒体等服务，提供智能化的信息检索手段，向读者展示各种生动、具体、形象、逼真的信息。

在环境设计上，在重视实用性的同时，更加注重舒适性和艺术效果。从装饰材料的健康、舒适、节能和环保，到采光上自然光和灯光的有机结合；从桌椅的尺寸及形状，到图书馆布局都要避免给人以单调沉闷的感觉；从出口的人性化设计，到机房的合理布置等，都展示出环境的朴素大方、高雅和谐、舒适明亮，在休闲书吧里，不仅有色彩亮丽温馨的沙发、床垫、餐椅、小茶几等家具摆设供读者休憩，还有电脑、电视、音响等设备，以满足读者的休闲和学习需要。

在学习空间的构建中，专门设有一个“协作式学习空间”。群体/团队学习空间很容易地被识别。在协作式学习空间内，一切设施和摆设完全是从促进小组成员间的交流出发，通过群组成员之间的讨论和思想交流碰撞实现知识共享。

（四）书吧地址

“百度新语”书吧位于图书馆一楼借阅大厅西侧，其内外部环境如图 3-6、图 3-7 所示。

图 3-6　“百度新语”书吧外部环境

图 3-7　“百度新语”书吧内部环境

四、“笃学”读书社

武汉职业技术学院“笃学”读书社是在图书馆指导下，校首届读书节组委会关怀下，于 2005 年 4 月 23 日“世界读书日”正式成立的。“笃学”乃校训“厚德，笃学，求实，拓新”中的两字，有用心好学之意，故简称读书社。

本社秉承“以书为纽带，以活动为桥梁，以服务为宗旨，育人为目的”的思想，以“读书与成才”为主题，以“思贵专一、学贵沉潜”为共同远景，营造积极向上的学习氛围，培养严谨踏实的优良学风。开展的活动以“我读书，我快乐，我充实，我提高”为理念。

（一）口号

“笃学”读书社的口号是“齐心协力，共创辉煌”。

（二）活动

在读书节期间，“笃学”读书社配合图书馆开展读者意见征集、书展、邀请专家来校讲座等活动，平时帮图书馆做整理图书、贴书签等志愿活动。

“笃学”读书社的特色活动为演讲比赛和“笃学”杯——知识竞赛。演讲比赛一般在社团风采月中举行，一般分为初赛和决赛，已经成功举办过“书伴人生”、“芬芳书香”、“扬奥运精神，创校园文化”三次主题演讲比赛。知识竞赛在读书节期间举行，分为初赛和决赛，环节新颖，知识覆盖面广。

社内有交流活动，参观省博物馆、游东湖、羽毛球比赛、举办各类晚会（如图 3-8 所示）；与院内兄弟社团联合开展活动，与志贤者协会合作过 5 • 12 纪念活动、辩论赛，与风华文学社等合作元旦晚会等。

图 3-8 “笃学”读书社举办的晚会

（三）基本管理机制

“笃学”读书社按职能分为活动部、宣传部、外联部、文秘部、网络部和团支部 6 个部门。社团实行首脑负责制，设社长一名、副社长三名、各部门设正副部长各一名，团支书一名。

活动策划部负责社内活动的策划、举办等，负责各项活动的落实；外联部负责开展外联活动，与各协会联谊、进行交流，负责活动邀请、通知、迎宾；宣传部负责社内外的活动宣传工作，采集各类有助于社团发展的信息；文秘部负责社内日常文件的起草和档案管理、会议记录、活动总结等；网络部负责管理社内邮箱，我社电子资料的整理及打印文稿。

（四）所获荣誉

“笃学”读书社 2005～2006 年获得社团风采月“社联杯”趣味篮球赛亚军；在 2005～2006 年星级社团评比中获得院“五星级”社团称号；在 2006～2007 年星级社团评比中获得院“五星级”社团称号；在 2007～2008 年获“五星级”社团称号；在 2008～2009 年获“四星级”社团称号。

五、“漂流书屋”

图书漂流源于 20 世纪 60 年代的欧洲，读书人将自己不再阅读或希望推荐的图书贴上特定标签投放到公共场所，无偿提供给拾取到的陌生人阅读。书被拾取的人阅读之后，再以相同的方式放回到公共场所，从而实现图书的分享与循环利用。一本书对于喜欢它的人来说，可以创造多少价值，启示多少智慧，或许我们永远不会知道；但一本书的旅行，足以让世界美丽。放图书于自由，让智慧和思想在不同人的心底回响，让知识和文明随着诚信和友谊一起传递。

基于图书漂流的特殊文化内涵，我校“笃学”读书社秉承“分享阅读”、“诚信阅读”的口号于 2013 年读书节，在图书馆的号召下开始筹建“漂流书屋”。书屋的书籍来源于我校读者捐赠的图书，以及图书馆支持的书籍。通过我们的努力，书屋于 2013 年 10 月 15 日在图书馆附一楼书吧旁正式投入使用（如图 3-9 所示）。知识因传播而美丽，诚信因传递而笃实。图书漂流是书籍美丽而奇妙的旅行，一段文明之旅从“漂流书屋”起航。

图 3-9 “漂流书屋”

1. 活动宗旨

分享、诚信、传递。

2. 活动目的

为爱好阅读的同学提供一个分享阅读，互相交流的平台，收集学生手中自己看过的闲置着的愿意捐赠出来的书或大二、大三即将离校的学生不需要的书，让图书即在素不相识的学生之间流通、传递、借阅，发挥图书的最大效益，也同时推动校园读书的氛围，营造书香校园培养诚信、笃实的阅读精神，塑造学生健康向上的精神面貌，提高道德素养。

3. 图书取阅及捐赠说明

(1)“漂流书屋”全部图书均可免费阅读利用，无须借阅证，但是考虑到图书的整理和统计，同时为了达到图书漂流的持续性，学生借阅时需登记基本信息。借阅时长设定为两个星期。

(2) 捐赠图书的同学如果愿意，同样可以留下自己的基本信息，也可以在书中留下自己的寄语，与其他读者分享。

(3)“漂流书屋”的管理和书籍的定期整理工作由“笃学”读书社承担。

六、读书节

“世界读书日”的全称是“世界图书与版权日”，又译为“世界图书日”，最初的创意来自于国际出版商协会。1995 年正式确定每年 4 月 23 日为“世界图书与版权日”，设立目的是推动更多的人去阅读和写作。

（一）“世界读书日”的由来

1972 年，联合国教科文组织向全世界发出了“走向阅读社会”的号召，要求社会成员人人读书，让读书成为人们日常生活中不可或缺的部分。1995 年，国际出版商协会在第二十五届全球大会上提出“世界图书日”的设想，并由西班牙政府将方案提交联合国教科文组织。后来，俄罗斯认为，“世界图书日”还应当增加版权的概念。

“世界读书日”的灵感来自于西班牙回泰罗尼亚地区一个美丽的传说：美丽的公主被恶龙困于深山，勇士圣乔治只身战胜恶龙，解救了公主，公主回赠给乔治的礼物是一本书。从此，书成为胆识和力量的象征。4 月 23 日成为“圣乔治节”。每到这一天，加泰罗尼亚的妇女们就给丈夫或男朋友赠送一本书，男人们则会回赠一枝玫瑰花。致力于向世界推广阅读、出版和对知识产权的保护。同年，联合国教科文组织宣布 4 月 23 日为“世界读书日”。

实际上，4 月 23 日也是英国著名作家莎士比亚出生和去世的纪念日，又是西班牙文豪塞万提斯的忌日，还是美国作家纳博科夫、法国作家莫里斯•德鲁昂、冰岛诺贝尔文学奖得主拉克斯内斯等多位文学家的生日，所以这一天成为“世界读书日”，相当“名正言顺”。

联合国教科文组织在 1972 年向全世界发出“走向阅读社会”的召唤，要求社会成员人人读书，图书成为生活的必需品，读书成为每个人日常生活不可或缺的一部分。

自“世界读书日”宣布以来，得到了全球社会各界的热切响应，并发展为尤其重视针对青少年的活动，目的是培养孩子们的阅读习惯、人文精神，引导他们尊重知识。因此，在每年的 4 月 23 日，作家、出版商、教师、图书管理员、私立或公立学校的教育工作者、学生、人道主义者、大众媒体，以及全球各国爱书的人已经把读书日的宣传活动演变成一个热闹的欢乐节日。

但是在中国，这个世界性的读书日还未被社会公众所知晓，更谈不上是节日。据搜狐读书网站 2004 年调查得知：了解“世界读书日”的人仅占 6%，27%的人虽听说过但不知详情，67%的人从未听说过这个日子。然而，阅读对人的成长的影响是巨大的，一本好书往往能改变人的一生。而一个民族的精神境界，在很大程度上取决于全民族的阅读水平。所以，为共建和谐社会，进一步激发全面读书的热情，让我们认真读一本好书吧！

（二）“世界读书日”的主旨

“世界读书日”的主旨是希望散居在世界各地的人，无论年老还是年轻，无论贫穷还是富裕，无论你是患病还是健康，都能享受阅读的乐趣，都能尊重和感谢为人类文明做出过巨大贡献的大师们，都能保护知识产权。每年的这一天，世界 100 多个国家都会举办各种各样的庆祝和图书宣传活动，我国近两年也开始有一些出版社和书店举办一些相关的公益活动。

（三）“世界读书日”活动

1．国外情况

据资料表明，自“世界读书日”宣布以来，已有超过 100 个国家和地区参与此项活动。很多国家在这一天或者前后一周、一个月的时间内都会开展丰富多彩的活动，图书馆、媒体、出版商、学校、商店、社区等机构团体在这一段时间里，都会举办一些赠书、读书、演戏等活动来鼓励人们阅读，把读书的宣传活动变成一场热热闹闹的欢乐节庆。

（1）英国。当地的庆祝活动可说是搞得最全面，他们更把阅读日提早到 3 月 6 日举行，单是学校、图书馆、书店所举办的庆祝活动便已超过 1000 项，如故事人物模仿大赛、午间故事时间、各类型的书展等。2004 年，阅读日的官方网站更在网上举办作家讲座/交流会，并播放与阅读有关的节目。当地有关机构更向小朋友发出面值 1 英镑的图书日代用券（World Book Day Book Token），让他们到图书日成员书店换购一本喜欢的书。主办单位特别为世界图书日出版 6 本新书，又设下好书名单，不仅向小朋友推荐 25 本有趣读物，更提供一系列的活动建议，以便教师作为教学参考。

（2）西班牙。加泰罗尼亚地区作为“读书日”缘起传说的发祥地有一个传统，你会看到很多人在这一天拿着玫瑰在街上走，像是情人节一样，十分有趣。因此，几乎每年 4 月 23 日这一天，当地的书籍会减价 10%，玫瑰花的价格则陡然上涨。

（3）日本。东京的孩子在世界读书日最受优待。东京政府颁布法令，指定 4 月 23 日为儿童阅读日，并以培养儿童在语言、想象力和敏感度各方面的能力，以助他们更深刻地体验人生。2005 年，日本读卖新闻社对全国的读书情况作了一次调查，结果如下：每天读书 1 个小时的人占 14%，每天读书半个小时的人占 19%，每天读书 20 分钟的人占 10%，每天读书 10 分钟的人占 9%，不读书的人占 27%。

（4）韩国。当地 2004 年会特别为“世界阅读日”出版一本历奇故事书，向小孩讲解什么是版权，希望借此提高年青一代对版权的认识。除此之外，当局还发行“世界阅读日”邮票，将推动阅读和版权的信息宣扬开去。出版社在 4 月 23 日当天寄出 35 000 册图书，免费送给当地学校。还有的相关部门举办慈善拍卖，15 幅来自当地艺术家的作品的收益将被用作推动青少年阅读；此外，更有新、旧图书的捐赠活动。

（5）法国。2004 年，24%的法国人读了 12 本书，55%以上的法国人读了 1～12 本书。以人口计算，平均每人读书 11 本。

（6）墨西哥。创立于 1993 年的瓜达拉哈拉国际图书博览会，是在以西班牙为母语的国家中最大的图书市场。每年集中于此的大量出版商、文学经纪人、阅读公关、翻译家、图书馆管理员等，都会进行商业或专业性的交流，超过 35 万人（包括 10 万儿童）会在书展的博览会的 9 天里来到瓜达拉哈拉市参加这个全拉美最大的文化节庆。

（7）牙买加。“读书日”活动将分为儿童和成人两部分。官方启动参与开幕式的孩子们被邀请写下了他们对牙买加作家的印象；有的作者以自己的书为基础做了讲演；现场也通过大屏幕展示了联合国教科文组织制作的反盗版影像片段。牙买加还组织了一系列展览，在行政区的图书馆内展出。在成人活动部分，在牙买加广受尊重的科学家布鲁德博士，举行了一次面向公众的讲座，讲述有关机器人的未来。

（8）加泰隆尼亚。在这一天当地有一个传统，你会看到很多人拿着玫瑰在街上走，就像是情人节一样，十分有趣。

（9）以色列。以色列人爱读书，爱买书，爱写书。在以色列，无论是街头还是巷尾，无论是车站还是广场，专心致志读书的人随处可见。在每个家庭里，书房是必需的。在安息日期间，犹太人开的一切商店、饭店、娱乐场所都停业，交通全部中断，每一个人都必须在家中安息和祈祷，严禁走亲访友和外出郊游，但只有一点是允许的，那就是读书和买书。倘若你从阳台上向下俯瞰，你会发现海滩上空空荡荡，大街上寥无人迹，只有书店开门营业。每个书店里都挤满了人，没有大声喧哗，人们都静悄悄地购买图书。每个书店里都生意兴隆，看来以色列人对书的酷爱似乎胜于宗教。以色列实行文化开放政策，书店里各种观点、各种版本的图书一应俱全，从最深奥的到最通俗的，都有大量的读者。在街头报亭里，可以买到头天出版的《泰晤士报》、《纽约时报》、《世界报》等西方大报，也有各种画报和录像带。一般的以色列人除了精通希伯来母语外，都能讲流利的英语，全国有 29 家报纸，分别用 15 种文字出版，广播电台和电视台用两种语言播音。

据联合国教科文组织 1988 年调查，以色列人均拥有图书馆和出版社的数量居全球之冠。不光是城市，每个村镇都有陈设典雅的图书馆和阅览室。令人震惊的是，这个仅 500 万人口的国家，竟有 890 种刊物。而在以色列书刊的价格是非常昂贵的，每份报纸大多是每天 48 版，售价 6 美元，若订一份报每月需 180 美元，而普通以色列人，每家每年至少订阅好几份报刊。《耶路撒冷邮报》是全世界有影响的大报之一，每天的发行量是 100 万份，平均 5 个以色列人就有 1 份。此外，14 岁以上的以色列人每月阅读 1 本书，全国平均每 4000 人中就有一所公共图书馆，全国 500 万人口中持有借书证的就有 100 多万人。正因为如此，才涌现出诸如阿格农、耶胡达·阿米哈伊、奥斯等一大批世界知名的文学家。阿格农曾获得了 1966 年度的诺贝尔文学奖，阿米哈伊是迄今世界上六七位头号诗人之一。当然，以色列在音乐、舞蹈等方面同样也取得巨大成绩。

2. 国内情况

莎士比亚曾经说过：“生活里没有书籍，就好像没有阳光；智慧里没有书籍，就好像鸟儿没有翅膀。”阅读对人成长的影响是巨大的，“腹有诗书气自华”，一本好书往往能改变人的一生。人的精神发育史，应该是他本人的阅读史；而一个民族的精神境界，在很大程度上取决于全民族的阅读水平。中华民族之所以成为礼仪之邦、文明古国，一个重要原因，在于我们是一个热爱学习、勤奋读书的民族，今天，建设创新型国家和学习型社会的时代任务，决定了比以往任何时候都需要营造一个书香浓郁的社会，阅读作为推进社会发展的力量是不可取代的。崇尚读书，才能让民族的发展保持生命的活力，而我们作为未来的主人翁，作为建设学习型社会的中坚力量，我们的阅读水平事关祖国的未来，事关民族的兴衰。

1997 年 1 月，中央宣传部、文化部、国家教委、国家科委、广播影视部、新闻出版署、全国总工会、共青团中央、全国妇联九个部委共同发出了《关于在全国组织实施“知识工程”的通知》，提出了实施“倡导全民读书，建设阅读社会”的“知识工程”。这是以发展图书馆事业为手段，以倡导读书、传播知识、推动社会文明与进步为目的的一项社会文化系统工程。

2004 年，“全国知识工程领导小组”将每年的“全民读书月”活动交由中国图书馆学会负责承办。中国图书馆学会为了实施“倡导全民读书，建设阅读社会”为宗旨的“知识工程”，进一步激发全民读书的热情，推动学习型社会、学习型组织、学习型家庭的建设，准备于2004年在全国范围内举办大型活动，让全国公众都知道“世界读书日”。

2009年4月23日是第14个“世界读书日”，以“让我们在阅读中一起成长”为主题的“全国少年儿童阅读年”活动在天津少儿图书馆启动。中国图书馆学会、少儿图书馆专业委员会相关负责人倡议全国各类图书馆，特别是公共图书馆、少儿图书馆、中小学图书馆一起行动起来，开展“全国少年儿童阅读年”活动，强力推进少年儿童阅读推广工作，争取建立我国的少年儿童阅读节，让孩子喜欢阅读、习惯阅读，在阅读中快乐，在快乐中成长。

“全国少年儿童阅读年”系列活动从2009年4月至2010年4月分6个阶段推进：天津举行全国少年儿童阅读年主会场启动仪式暨少年儿童阅读高层论坛；6月1日，在主会场广州举办少年儿童阅读年活动展示月，同时发布有关城市少年儿童阅读调查报告，展示阅读活动成果。7～8月，集中举行各类阅读年比赛活动；9～10月，在重庆和北京开展少年儿童阅读年开放日活动，举办国庆60周年全国公共图书馆少儿科普活动暨新中国成立60周年优秀科普图书书目展；公布影响新中国60年三代人优秀读物书目，公布部分阅读调查结果；2010年4月，在长沙举办全国少年儿童阅读年阅读嘉年华活动，举办阅读表演秀总决赛，颁发阅读年活动各奖项，出版《全国少年儿童阅读调查报告》。2011年4月，在岳阳平江加义镇中心小学组织850名学生开展“中华诵——国学经典诵读”活动，以世代传承中华文化。

（四）“世界读书日”活动延伸

为提高公众对阅读的兴趣和促进图书出版，联合国教科文组织2001年在“世界读书日”的框架下发起了“世界图书首都计划”，并宣布西班牙首都马德里为2001年的“世界图书首都”。此后，每年都有一座城市被联合国教科文组织授予“世界图书首都”的称号。

历年当选“世界图书首都”的城市及时间分别如下：

马德里（西班牙，2001年）
亚历山大（埃及，2002年）
新德里（印度，2003年）
安特卫普（比利时，2004年）
蒙特利尔（加拿大，2005年）
都灵（意大利，2006年）
波哥大（哥伦比亚，2007年）
阿姆斯特丹（荷兰，2008年）
贝鲁特（黎巴嫩，2009年）
卢布尔雅那（斯洛文尼亚，2010年）
布宜诺斯艾利斯（阿根廷，2011年）
埃里温（亚美尼亚，2012年）
曼谷（泰国，2013年）

（五）武汉职业技术学院读书节

为了为营造一个书香浓郁的校园文化氛围，激发全校师生的读书热情，以4月23日

"世界读书日"为契机，武汉职业技术学院图书馆及相关部门联合自 2005 年起，每年举办读书活动——暨武汉职业技术学院读书节，2014 年为第十届读书节。读书节旨在提高读者对图书馆文化传播职能的认知度，吸引读者充分利用图书馆，勤读书，读好书、用好书，引导读者积极参与图书馆举办的各种文化教育活动，使全校师生牢固树立"读书提升智慧，知识改写人生"理念，养成终身学习的良好习惯。每届读书节活动历时 1～2 个月（4～6 月），期间将举办丰富多彩的文化活动。

第一～十届读书节主题分别是：

2005 年　第一届："读书成才"

2006 年　第二届："享受阅读，畅游书海"

2007 年　第三届："享受阅读，畅游书海"

2008 年　第四届："我读书、我快乐"

2009 年　第五届："分享悦读，共沐书香"

2010 年　第六届："好书伴我行"

2011 年　第七届："书香伴我行"

2012 年　第八届："分享阅读快乐"

2013 年　第九届："爱国爱校、健康成长"

2014 年　第十届："读书知世界，天下尽收揽"

（六）武汉职业技术学院第十届读书节活动方案

书是人类宝贵的精神财富，读书能够增长知识，涵养品性，提高能力，开展全民阅读活动是我国构建公共文化服务体系的一项重要部署，对培育和践行社会主义核心价值观，提高国民思想道德素质和科学文化素质，建设社会主义文化强国，增强国家文化软实力，实现中华民族伟大复兴中国梦具有重要意义。

1．指导思想

全面贯彻党的教育方针和开展素质教育工作的要求，落实《省委办公厅、省政府办公厅关于开展全民阅读活动建设学习型湖北的意见》的要求，通过面向全体学生开展阅读活动，渗透社会主义核心价值观教育，营造浓厚的读书氛围，打造精神高地，大力营造爱读书、多读书、读好书的良好阅读氛围，促进学生丰富学识、夯实专业基础、开阔视野、陶冶情操、充实人生，促进优良学风校风养成，推进文明、和谐校园建设。

2．活动主题和口号

活动主题：读书知世界，天下尽收揽。

口号：阅读，请到图书馆。

3．组织机构

（1）成立学生阅读活动领导小组。

（2）成立学生阅读活动执行小组。

（3）成立学生阅读导师团。

4．活动内容

（1）好书分享——大学生阅读推荐榜

活动内容：邀请学生阅读导师团向全校学生推荐书籍，每本书籍形成 500 字左右的推荐意见，阐述推荐理由等，活动组织单位就优秀推荐短文汇编成册，并制作成“好书推荐榜”，购置推荐书目、编辑制作电子图书资料等，利用校园网和新媒体共享给全校学生。

活动时间：3～4 月。

（2）举办“阅读，请到图书馆”为主题的现场读者在宣传横幅上签名活动（如图 3-10 所示）

活动时间：4 月 17～23 日。

图 3-10　第十届读书节——读者签名活动

（3）开通武汉职业技术学院移动图书馆——新媒体阅读活动

活动内容：①将优秀的好书资源电子化，在校园网开辟专门的电子阅读专区，向学生推荐优秀的电子阅读网站链接，推广在线无纸阅读、网络阅读、手机阅读等新型阅读方式；②推进各级学生组织的微博和微信的运管，增设“悦享好书”专栏，校级学生组织微博和微信定期向全校学生推送阅读信息，如图 3-11 所示。

活动时间：4～12 月。

（4）名师导读——大学生文化素质讲坛

活动内容：邀请校内外专家学者就职业化成长、思维方式、创新教育、励志教育等开设讲座，讲座日程安排另附。

活动时间：3～12 月。

图 3-11　第十届读书节——移动图书馆

（5）书香班级——大学生课外阅读计划

活动内容：①各学院要指导各班根据本专业特点，制订具有专业特色、分年级、分学年的读书计划。每个班级都要制订自己的“书香班级”建设规划；②要求各班级学生每周到图书馆读书或学院的图书资料室不少于两次，每次不少于 30 分钟，学生每年看不少于 8 本书（课外专业书、兴趣书、文学艺术、立志书等），读完每本书要写至少 500 字的读后感或书评，提倡微阅读，即也可阅读名著的几个章节或名篇的几段，鼓励撰写读书笔记；③从本学期起，要将学校校历的双周二晚自习时间规定为全校各班级读书日（如有课自行调整），各班利用该时间集体阅读“好书推荐榜”的推荐书目，阅读形式可以为专人讲读、举办读书心得分享等，保证全体学生的读书时间，确保本次读书活动惠及人人。

活动时间：3～12 月。

（6）读书沙龙——大学生读书分享活动

活动内容：校团委每月组织一次读书沙龙，邀请学校教职员工和学生中阅读量大、学识突出的代表，以开设讲座、举办读书沙龙的形式分享读书心得、畅谈书评，在每次活动结束后将沙龙书评内容（权威点评、争鸣论点、沙龙集锦）分享给全校学生。各学院分团委也可以根据自身的实际开展学院范围的读书、评书会。

落实单位：校团委

活动时间：3～12 月。

（7）“淘书会友　共享阅读”换书交友会

活动内容：让读者之间进行图书互换，提高图书利用率。

活动时间：3～6 月。

（8）书海拾贝——读书征文大赛

活动内容：针对“好书推荐榜”的读书、评书活动，面向全校学生开展读书心得体会征文大赛，评选优秀文章并汇编成册，择优推荐到《武汉职院报》、《风华》杂志刊登。

活动时间：3～12 月。

5．工作要求

（1）高度重视，积极参与。各学院要将今年的阅读活动与加强和改进大学生思想政治教育，构建和谐校园、建设和谐文化等工作紧密结合起来，引导学生读好书、好读书，不断强化读书活动的成效，使其成为拓展学生综合素质，奠定人生基石，推动校风学风建设的重要载体。

（2）精心组织，确保实效。各学院要根据学校总体活动的安排，结合本学院实际，做好有关活动的组织工作。要邀请专家、教授对本学院学生的读书活动提供必要的指导和帮助。各责任单位要根据要求认真制定实施细则，确保活动顺利开展，取得实效；要积极争取活动指导单位以及学校各部门、社会各界的支持；各承办单位之间要加强交流，密切合作，共同做好活动的组织开展工作。

6．总结表彰

学生阅读活动执行小组要加强对全校阅读活动的组织、协调和督办，总结通报各单位好的做法，推广先进经验与典型，充分发挥典型示范的作用。在 2014 年年末要评选学生阅读活动先进集体和个人，评选内容主要有书香学院（如表 3-1 所示）、书香班级（如表 3-2 所示）、书香青年（如表 3-3 所示）等，并对表现突出的单位和个人开展表彰并择优推荐申报湖北省“青年书香号”。

表 3-1　书香学院评定细则

序号	项目	评定条件	具体内容	分值	自评分
1	组织领导	组织机构	1．落实学生阅读活动要求，积极开展各项工作； 2．学院主要领导高度重视并积极引领阅读活动； 3．召开阅读活动工作会议，专题研究落实办法	20	
2	制度管理	管理制度	1．制定、下发正式通知，有明确的阅读活动目标，有详细的台账记录，读书活动有目的、有计划、有保障； 2．在学院有专门的人员负责读书活动的组织和实施； 3. 开展本次读书活动的宣传，利用本单位的网页、微博、纸媒等各种宣传平台，及时发布读书活动消息	10	
		计划安排	制订并落实好全年读书活动方案与阶段性计划安排，建立阅读活动常态化机制	5	
		考评机制	学生阅读活动纳入本单位学风建设、学生评优评先考核等体系之中，本单位党政领导、教师、辅导员参与指导读书活动有明确的要求和考评办法	5	

（续表）

序号	项目	评定条件	具体内容	分值	自评分
3	活动特色	规模范围	1．积极参加上级单位组织的读书活动，与其他单位合作开展各项读书活动； 2．参加读书活动人数占集体人数的90%以上	10	
		组织形式	根据青年特点，结合自身实际，开展丰富多彩、生动活泼、主题鲜明的读书活动，并能将开展读书活动与开展思想引导、学风建设等活动结合起来	20	
		总结推广	1．及时总结好的阅读经验做法并在本单位推广； 2．发掘本集体的先进典型，号召集体内青年学习	10	
4	突出成效	成果应用	1．发现并树立一批热爱读书的个人典型； 2．总结推广能激发读书兴趣的好载体、好方式	5	
		综合影响	1．在阅读活动中有重大贡献或优异成绩被上级单位表彰； 2．阅读活动、先进经验、做法、典型被媒体报道，对青年阅读起到良好的影响带动作用	5	
5	策划创新	活动创新	在活动组织策划、表现形式、运作上有创新点	5	
		形式创新	服务方式创新和阅读设施创新	5	
备注	各学院结合评定细则开展自评并提供支撑材料，学校将组织复评，根据复评得分排名确定“书香学院”获奖单位				

表 3-2　书香班级评定细则

序号	项目	评定条件	具体内容	分值	自评分
1	制订计划	计划完备	1．根据本专业特点，制定具有专业特色、分年级、分学年的阅读计划； 2．制定详细的“书香班级”建设规划	20	
2	读书活动	组织活动	组织策划班级特色阅读活动	20	
		参与阅读	1．积极参与学校和学院组织的阅读活动并取得成绩； 2．全班90%以上的学生参与班级阅读活动； 3. 班级学生每周到图书馆读书或学院的图书资料室不少于两次，每次不少于30分钟，学生每年看不少于8本书（课外专业书、兴趣书、文学艺术、立志书等），读书笔记齐全（考核以读书笔记的情况为依据）	40	
3	宣传阅读	宣传阅读	班级微博和微信定期向同学推送阅读信息、报道班级阅读活动情况	20	
备注	班级结合评定细则开展自评并提供支撑材料，学院组织复评，择优推荐到学校参评“书香班级”获奖单位				

表 3-3 书香学生评定细则

序号	项目	评定条件	具体内容	分值	自评分
1	制订计划	计划完备	根据本专业特点，制订个人阅读计划	10	
2	读书实践	主动阅读	1. 充分利用学校藏书丰富的图书资源； 2. 重点地浏览过“好书推荐榜”推荐的优秀阅读书目，及专业课教师为学生开列的专业课课外阅读书目； 3. 撰写阅读笔记	20	
		参与阅读活动	1. 积极参与学校和学院组织的阅读活动和阅读竞赛并取得成绩； 2. 积极参加每周班级读书日和学校的读书沙龙活动，并争取做主题发言	40	
3	书香班级建设		1. 积极参与“书香班级”建设，为该班做出一定的贡献； 2. 向各级学院组织微博和微信定期推送阅读信息、分享阅读心得	30	
备注	班级学生结合评定细则开展自评并提供支撑材料，班级组织复评，择优推荐到学院和学校参评“书香青年”获奖单位				

七、图书馆简报

武汉职业技术学院《图书馆简报》创刊于 2012 年，是由武汉职业技术学院图书馆主办，图书馆信息部承办编辑发行，纸质和电子兼有的月报。《图书馆简报》主要是向读者介绍和推广图书馆的纸质和数字信息资源，每月 25 号出刊，到目前为止共正式出刊 14 期。

（一）办刊宗旨的定位

武职《图书馆简报》办刊宗旨归纳为 16 个字——“提供信息、宣传资源、指引读者、促进交流”。提供信息就是为读者提供与图书馆相关的信息，尤其对图书馆近期发生的重大事件和好消息及时报道。宣传资源就是对图书馆馆藏和网络资源进行宣传，以吸引读者和用户加以利用，尤其是对图书馆馆藏和网络资源的“名，特，优，新”产品浓墨重彩，大力推荐。指引读者就是对读者有的放矢的指引，其一是对读者进行一般性的引导和介绍；其二是对读者进行专业性的讲解和辅导。促进交流就是建立与广大读者的联系，将读者的要求、建议、投稿等信息及时反馈刊登，使之真正成为促进图书馆与读者交流的工具。

（二）形式和栏目的设置

武职《图书馆简报》的形式在安排上有一定的稳定性但又不能一成不变，既要利于刊物内容的表达，又要避免呆板、千篇一律，以增加刊物的可读性。例如：为了解决读者层次多元的矛盾，用专版，专号的形式出刊，刚开学时我们就出新生专版，考虑新生的需求进行组稿编辑。又或者在校园有重大的节日或赛事时也可出专版，如目前正在进行的“读书节”专版。

武职《图书馆简报》的栏目设置体现办刊宗旨定位的要求，并按照少而精的原则，根据需要设置。所设栏目反映时代特征，体现个性特色，栏目名称内涵丰富。目前有图书馆动态、知识普及、好书推荐和读者园地四大栏目。这四大栏目之间分工明确，避免重复，又清晰明快，力挫呆板，还利于版面调整，生动活泼，真正使每期刊物都达到“聚散有度，形散而神不散”的境界。

（1）图书馆动态是专门集中报道图书馆近期工作，业务研讨以及开展的各类职工活动等信息，同时也活跃馆员工作生活，体现图书馆凝聚力，展现现代图书馆工作人员的风貌。

（2）知识普及板块是根据高职院校办学的特点进行图书情报知识，计算机检索知识教育，以便读者学习和掌握利用文献信息资料的知识，从而正确地使用图书馆。

（3）好书推荐是突出导读作用的板块，主要通报图书馆藏内容，新书入馆情况，以便让读者随时了解藏书情况以及书刊资料分布，以提高馆藏文献的利用率。

（4）读者园地这个栏目是图书馆面向读者的一个交流平台，广大读者可以将阅读的点滴、与书的缘分、生活的感悟等写下来投给我们，这是一起创作的参与，旨在为所有读者服务，引导学校阅读风气，增加文化素养。我们希望提供这样一个文化交流、心灵碰撞的平台让每位读者都有可能成为平民中的莎士比亚。

（三）版面编排

武职《图书馆简报》根据稿件的不同性质和不同的报道重点，科学地进行版面安排。目前我们的简报只有 4 个版面，采用了最基本的黑白印刷，配以与栏目内容相对应的插图，整个刊物一目了然。

（四）发行与投稿

武职《图书馆简报》每月出一期，每月 25 号出报，免费发送至机关处室及科室、院系、学生各班级，如图 3-12 所示。同时，图书馆主页上有电子版供大家阅读和下载。为了鼓励读者交流读书体会，图书馆主页上设有投稿信箱，欢迎大家积极投稿（www.wtc.edu.cn→单击图书馆→单击投稿信箱→投稿）。

武职《图书馆简报》的馆刊对整个图书馆的发展有着很深远的意义和边缘效用。通过刊物，图书馆表达了积极主动为教学、为科研、为读者服务的愿望和观念，展示了图书情报服务能力和水平，传递和介绍了图书馆的发展动向，从而提高全校的图书馆意识以及师生对图书馆作用的认识。

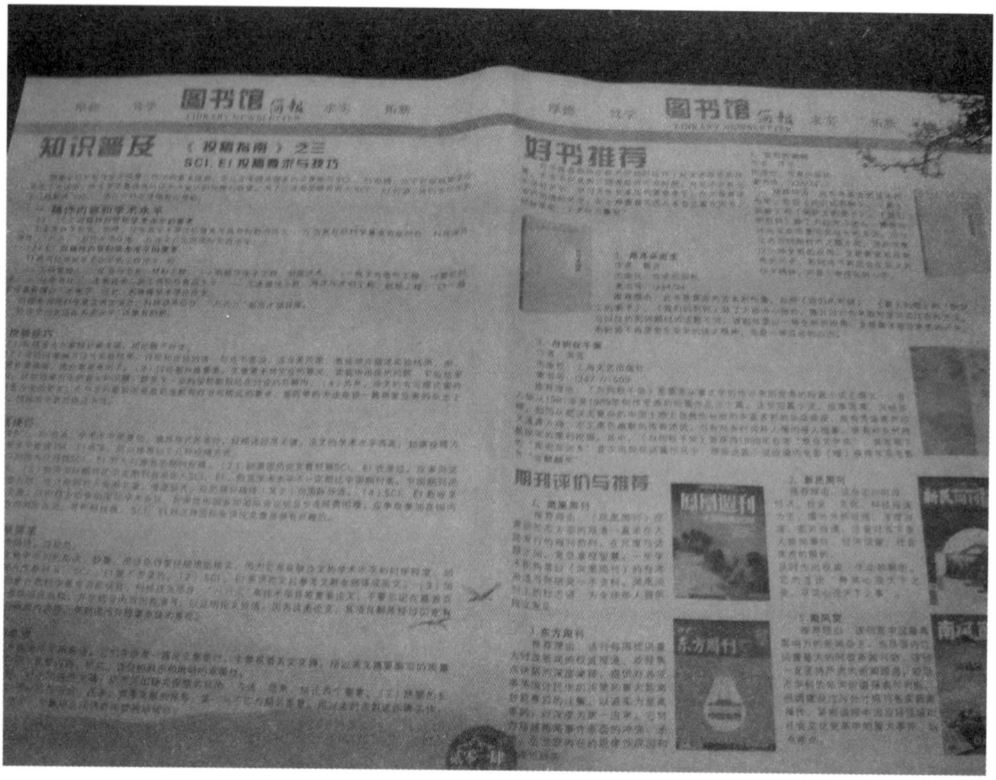

图 3-12　图书馆简报

八、学生个人素质与社会能力教育学习资源库

《中共中央国务院关于深化教育改革全面推进素质教育的决定》（国发[2002]16 号）中指出，高等教育要重视培养大学生的创新能力、实践能力和创业精神，并普遍提高大学生的人文素质和科学素质。为认真贯彻《中共中央、国务院关于深化教育改革全面推进素质教育的决定》，积极发展高等职业教育，大力推进高职高专教育人才培养模式的改革，要注重人文社会科学与技术教育相结合，教学内容改革与教学方法、手段改革相结合，改革教学方法和考试方法，引入现代教育技术，提高教学质量，加强对现代教育技术、手段的研究和应用，加快计算机辅助教学软件的研究开发和推广使用，大力推广数字化教育，加速实现教学技术和手段的现代化，使之在提高整体教学水平中发挥越来越重要的作用。

高职学生成才的关键要素之一是高职学生的综合素质水平，因此，高职院校必须紧随时代步伐，结合学校特点，坚持以人为本，以效能为核心，除了大力提高高职学生的专业技能水平，同时也要建立高职学生的思想教育与文化素质教育氛围，深化高职学生的综合素质教学改革，全面强化与提高高职学生的综合素质。实施通识教育是提高高职教育水平的迫切要求，通识教育的本质是一种立足个体与社会发展的素质教育和常识教育。它不追求知识的高深，而着眼于足够常识的获得，并强调独立思考、均衡发展、追求真理与正义的价值取向。

（一）学习资源库的设计理念

随着我国产业结构的调整和高校制度的改革，我国高等教育人才不断增多，高职学生的就业问题也不断显现，加强高职院校创业教育不仅可以开拓高职毕业生的就业渠道，缓解就业压力，同时对提高学生的素质，促进高职院校可持续发展有着重要的意义。创业教育是指开发和提高学生创业基本素质和创业能力的教育，是一种通过以充分挖掘学生潜能、开发学生创业基本素质、培养学生创业综合能力、达到提高学生自我就业能力，使谋职者变成职业岗位的创造者的教育。鼓励创业，以创业拉动经济增长，促进就业已成为世界各国的共识。

于此，建立合理的高职学生综合素质培养体系，培养高素质人才，是高职院校的首要任务。现实中，高职教育存在素质教育课程不足、体系不完整、教学方式单一、重技能轻综合素质、课程时间无法得到保证、师资不足等问题，学生往往缺乏全面的素质培养和社会能力锻炼，缺乏可持续发展的后劲。

“高职学生个人素质与社会能力教育学习资源库”以就业能力提升为导向，以素质和能力培养为基础，以创业、创新意识教育为目标，打造学生综合素质和社会能力网络教育平台，以“资源+平台+服务”的模式，设计出以综合素质培养、社会核心能力锻炼、就业能力教育、创业教育等模块，形成专门针对高职教育的素质培养解决方案。

（二）学习资源库的特色

本学习资源库具有鲜明的教学特色、创新教学模式、个性化的素质培养方式，走出教师中心和工具主义的模式。本学习资源库建立开放、多维、高效的学生素质教育自主学习新模式。

（1）资源丰富、集成，含有课程、PPT、试题、参考书、问题互动、讲座等教学资源。

（2）完整记录学生的学习过程、有效监督学生学习行为。

（3）方便创新素质及就业教学活动，教育成本低。

（4）激发学生兴趣，实现基于兴趣的个性化学习方案。学习可以获取学分，培养学生自主学习。

（5）翻转课堂，全面提升学生素质及职业发展能力。

（三）功能概述

1. 综合素质、社会核心能力教育

将显示所有通识教育课程视频分类，并在每个分类下显示部分视频（可在后台设置）。在每个分类下，单击“更多”将进入查看每单个分类下的全部视频。视频种类依据学校现有资源决定，如中华文化与历史传承、自然、科学与科技、社会与文化、经济管理与法律基础等。每个视频下都包括“收藏”与“加入课程”功能。学生可以将自己感兴趣的课程加入收藏，收藏后的课程将显示在个人中心→收藏→视频位置中，方便学生以后观看。

“加入课程”功能需在学生已经建立了自己的学习计划之后才可使用，也就是说学生在个人中心→学习计划中，已经创建了一个或多个个人学习计划（未发布的），那么在单

击“加入课程”时，将会显示学生已创建，但未发布的学习计划名称列表，选择需要添加的学习计划，则该视频（单一视频或者专辑）将会加入指定学习计划之中。

2．就业能力教育

（1）职业分析

①专业详解：该功能目的在于令学生切实了解其所学习的专业，包括专业的名词解释、课程内容、学习重点、求职方向等一系列方面进行详细说明，引导学生自主进行对未来职业规划的深入思考。

②职业详解：职业详解的目的在于，当学生对所学专业有一个深刻认识后，必然会对其所可能从事的职业有所关注，对其从事职业进行一些指导性文字说明，有利于学生理清自己的就业方向，从而能够主动了解相关资讯，对从事行业的认识越来越清晰，最终能够为自己制定一个良好的职业规划。

（2）职业测评

向学生提供权威 CAC 在线职业测评系统，CAC 职业测评是一个非常专业、权威的职业测评系统，能通过权威技术手段使学生了解自身性格特点与职业潜质，寻找适合自己的职业方向。测试内容包括职业性格测评与职业价值观测评，在线测评后可向 CAC 教育申请纸质版《职业潜质测评报告》。

（3）职业生涯规划

提供专业的职业生涯规划辅导，为学生提供面对面的职业生涯规划辅导，帮助处于迷茫期的学生把控未来，让学生了解什么是职业生涯规划，职业生涯规划的作用。在对职业生涯规划有了一个深入理性的认识之后，可根据网站提供的职业生涯规划书模版（全面的、不同职业的职业生涯规划书），定制自己的职业生涯规划书。

（4）EPE 就业能力

内容包括商务职业英语、市场营销策划师、人力资源经理人、广告策划师等 20 种科目，学生若将该课程指定为自己的学习计划，在完成在线学习后，可申请在线考试（或教师自主组织考试），考试成绩通过者，可获得由人力资源和社会保障部中国就业促进会颁发的 CAEP《就业能力证书》与 CAC 教育机构颁发的《人才推荐函》。该分类名为“EPE 就业能力”。

（5）求职面试

包含有助于提高学生求职面试能力与技巧的相关视频资源。

（6）名企岗前培训

最后一个分类为“名企岗前培训”，该分类中的视频为学校结合自身教育重点与企业合作进行自主录制的视频，有助于学生了解企业文化、工作环境、重点专业岗前培训等内容，只需一次录制，就能让每一届学生都能够学习到名企的岗前培训。

3．创业教育

（1）视频课程

内容为与创业相关的课程、讲座等视频，令学生了解创业的实质，增强自身的创业意识与创业能力。创业课程视频也可添加到学习计划中。

（2）创业计划书文库

创业计划书文库在充分考虑创业者自身条件、创业项目可操作性的基础上，在近年来多个热点创业行业中，分别搜集加工了一批项目主题明确、撰写内容完整、具有参考价值的创业计划书案例。该文库的设计目的是希望读者能够快速找到贴合自身条件与创业方向的具体成功案例，一方面可以促进对于具体项目的全面了解和实施指南，另一方面也可以促进对于投资、人力等方面的引入与筹备。

（3）创业精品项目

提供适合读者创业的项目，涉及各行各业的创业项目。该项目库的所有创业项目都是经过认证和实际考察过的精品项目，创业者可以从中挑选自己喜爱的项目，开始自己的创业之路。

（4）创业实训

针对创业者在创业初期，对于企业开办流程、证件办理的过程中存在的疑惑，逐步讲解企业开办流程使初创企业者掌握企业开办所需的流程和相关手续，方便创业者快速注册企业，实现创业。

（5）创业力测评

创业力测评系统为针对创业者创业能力进行测试评估的系统，测试者通过测试可得到一份详尽的创业测评分析报告，判断自己是否具备创业能力。

4．个人中心学习

（1）学习计划

学习计划分为教师创建的学习计划以及个人创建的学习计划。教师可创建学习计划，创建后规定需完成学习计划的学生用户。设定成功后，相应的学生用户的学习计划栏目中会出现该学习计划。同时，学生为自主提高自身能力，也可创建个人学习计划，创建个人学习计划后，可向教师进行申请学分，经教师评估后认为合理的，可在该学习计划完成后给予一定的学分奖励。

学习计划的创建为：首先设定该学习计划的名称、完成时间等基本信息，然后去网站中选择自己需要加入学习计划的课程，选择“加入课程”，则该课程被加入学习计划，添加希望学习的课程后，保存即可，如图 3-13 所示。

学习计划一旦保存，即进入学习监督模式，学习计划只能删除，不可更改，如之前的学习计划设置有误，可创建新的学习计划。

学生完成学习计划的过程中，系统会自动监督学生的学习情况，例如：鼠标长时间不操作，则视频暂停、视频不可快进，只能顺序播放或者后退、跟踪学生的对某一视频的观看进度，如一次性没有看完，下次可自动跳到上次观看的进度等。保证学习过程的真实性，避免作弊。在学习计划的显示栏中，会显示该学习计划的具体信息、课程内容、完成期限以及学生的学习进度。

对于教师创建的学习计划，教师在其“教师平台”中也可显示每一位学生的学习进度。

①成长路线图：成长路线图为对学生的重大事件的记录，如：何时首次登录该网站，何时完整看过某个视频课程或者文档、何时完成某个学习计划等，记录学生的重大事件，有助于提升学生的成就感，同时也可作为学生自主学习的一种量化指标。

图 3-13　新建学习计划

②个人信息：学生可编辑、修改其个人信息。

注意：学号为学生在该网站的唯一标志，不可更改。账号管理修改密码功能。

（2）上传作业

学生可在该版块上传自己的作业，如 Word、PPT 等电子作业，班级委员也可将其需要发送给老师的一些表格等统计信息发送给教师，如图 3-14 所示。

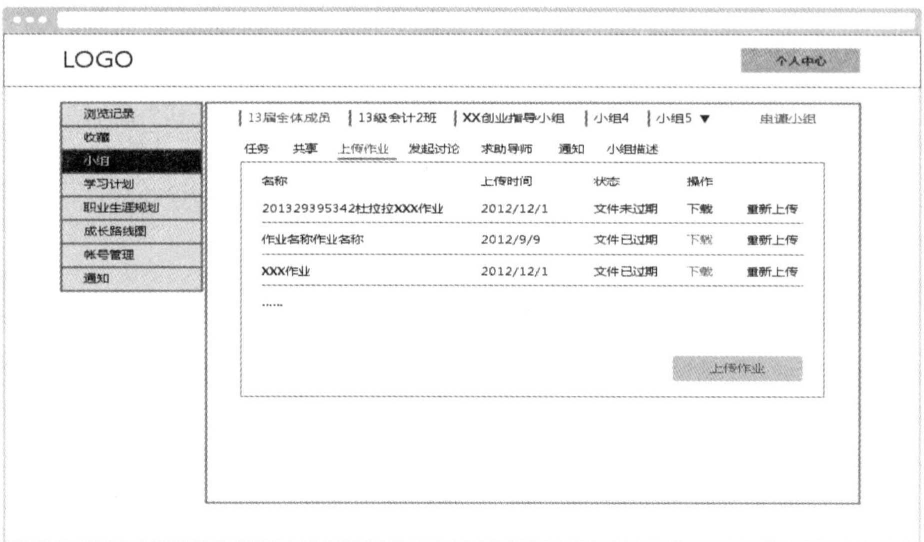

图 3-14　上传作业

（3）浏览记录

浏览记录为对学生在该网站浏览过的视频资源、文档资源进行记录，以便利于学生的查找，继续观看与学习。浏览记录包括视频和文档两方面，内容根据学生上次的浏览时间进行降序排列，并且提供分类筛选功能。

（4）收藏

收藏功能的目的在于，可将学生喜爱的、较关注的视频收藏在自己的收藏夹中，以便继续学习。对于不再需要收藏的资源，也可通过“取消收藏”来删除收藏信息，对所有收藏的信息提供筛选功能。

5．团队学习

所有学习团队均为教师级用户创建的，教师创建某一团队后，可设置团队成员，凡是被列为团队成员的学生用户会在其“小组”一栏中增加对应的团队，同一团队之间的师生可进行交流与互动，同时，学生也可主动申请团队，提交申请信息，经教师审核通过后，可由教师为其创建团队，加入需要的成员。

团队学习功能的用处很多，比方说以某一届全体学生为成员建立团队，招生毕业办公室老师就可统一管理学生，为学生创建作业、提供就业指导；也可以以某一专业某一班级的学生为成员，班主任利用小组功能达到管理班级、下达通知的目的。

团队学习涉及的功能如下：

（1）任务

任务只能由团队的创建者（教师用户）创建，该功能可帮助教师下达指令、布置作业等重要任务，任务发布后，对该小组的所有成员均可见，并会向学生用户发送通知信息，告知学生用户小组出现新动态，如图 3-15 所示。

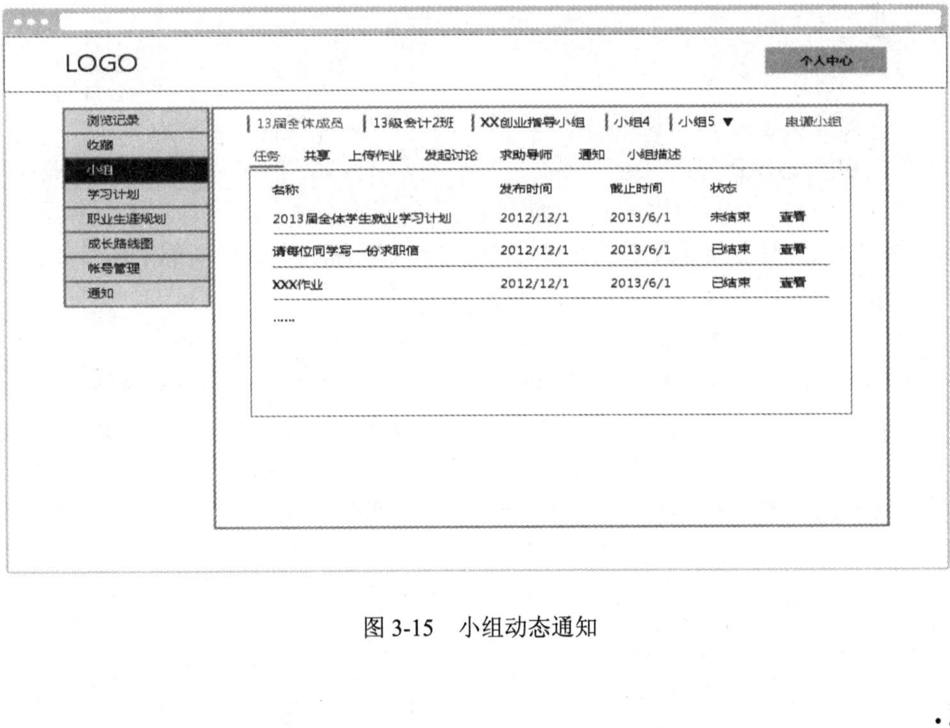

图 3-15　小组动态通知

（2）共享

共享版块的功能在于，帮助学生与学生、学生与教师之间进行资源的共享，在该功能中，每个人均可上传共享资源，共享资源将以附件的形式上传于网上，对所有成员均可见。例如，学生可将自己搜集的非常好的教学资料共享在该平台，分享给其他学生。教师也可将课件、课后练习题等资源共享在该版块，如图 3-16 所示。共享资源上的附件内容不会丢失，除非小组负责人主动删除该组。

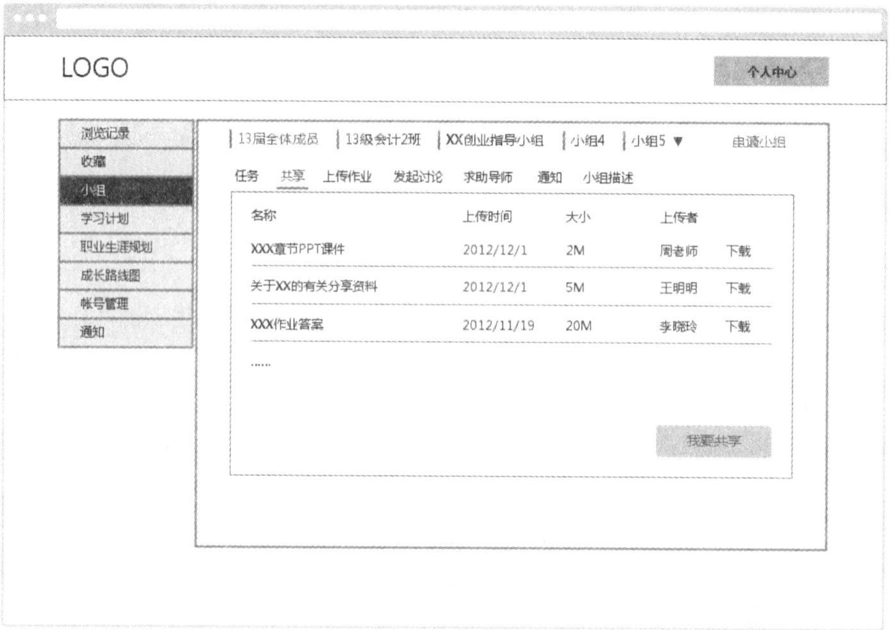

图 3-16　共享版块

（3）发起讨论

每个人均可发起讨论，功能类似于“留言板”，但弥补了传统留言板交互性太差的缺陷，如图 3-17 所示。例如，某学生可发起一个关于“×××专业做什么工作就业前景最好？”的讨论话题，该话题将被发布到网站上，所有小组成员均可看到这个话题，包括教师、团队成员均可在该话题下进行留言，最终达到互相讨论、交流想法的目的。

（4）求助导师

如果学生有个人问题想单独和教师交流怎么办？在过去的教学模式中，可能更多是通过课下的交流以及给老师发 QQ、打电话的方式。但教师与学生的时间终归有限，有了“求助导师”功能，学生就可向小组负责人（老师）单独发起问题，问题发出后，教师会收到通知信息，对学生进行回复，若一次回答不能解决问题，也可通过反复回答来达到深度交流的目的，最终解决学生的困扰，如图 3-18 所示。

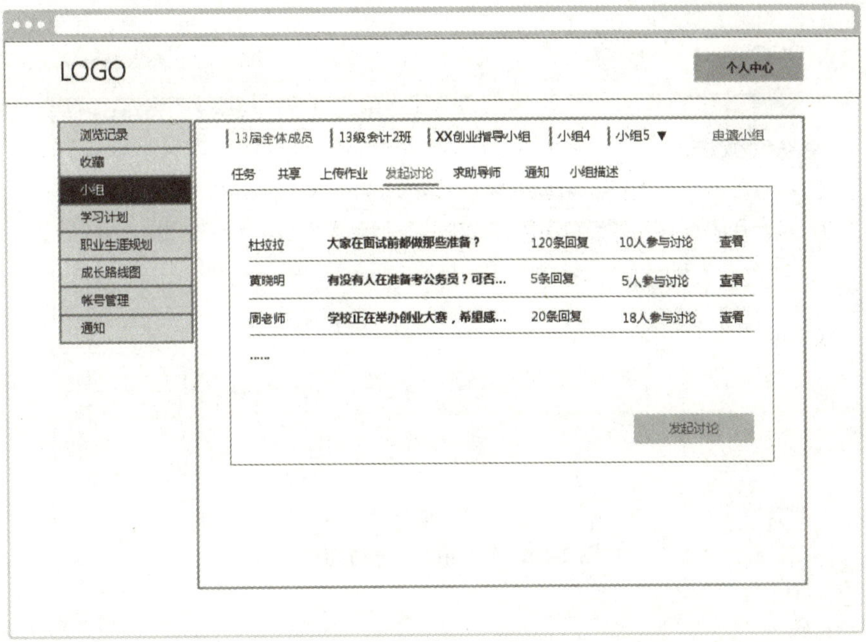

图 3-17　发起讨论

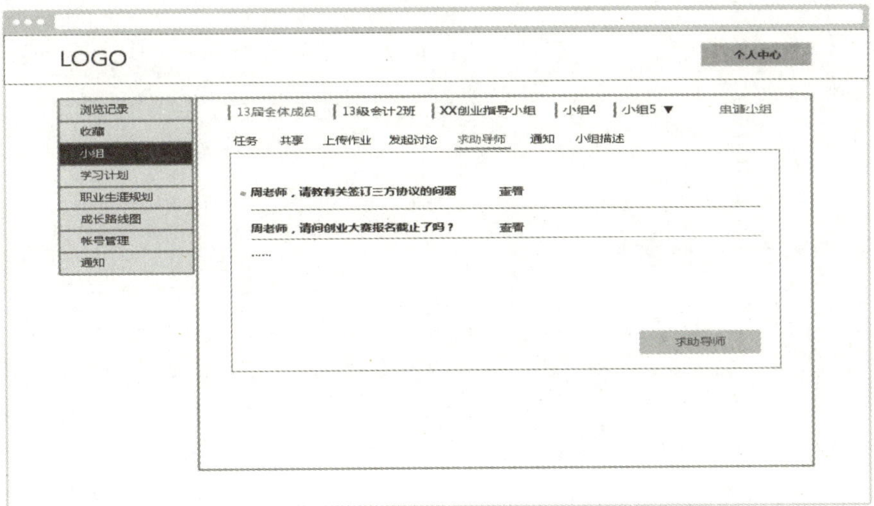

图 3-18　求助导师

（5）通知

团队负责人（教师）发布的所有通知都会显示在该栏目下，并且当小组负责人发布了通知后，通知内容的可见成员均可在个人中心——通知栏目中收到系统消息，提醒学生到小组中查看小组动态，如图 3-19 所示。

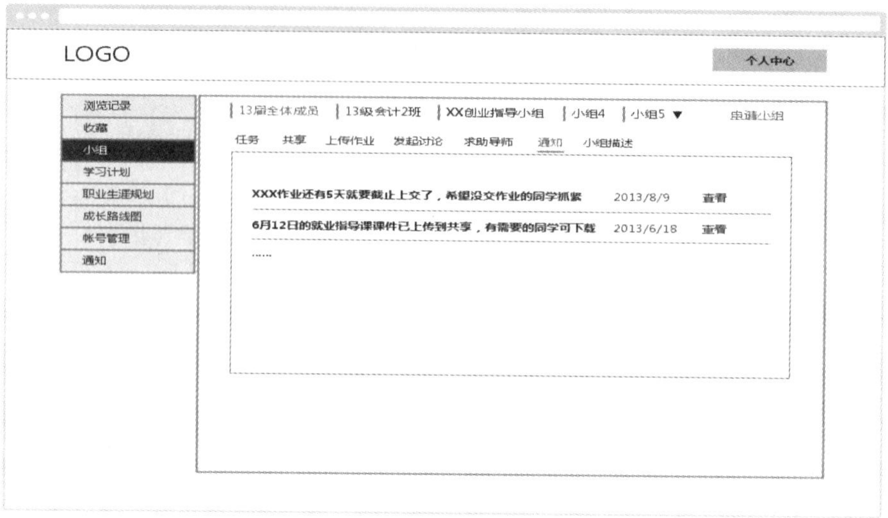

图 3-19　个人中心——通知栏目

第四章　纸质文献资源

第一节　图书与文献的基本知识

一、图书

（一）图书的基本特征

图书是人类用来记录精神文明成果的主要工具，也是人类交融感情、取得知识、传承经验的重要媒介，对人类文明的开展，贡献巨大，所以，无论古今中外，对于图书，人们总给予最高的肯定与特别的关怀。

联合国教科文组织对图书的定义是：凡由出版社（商）出版的不包括封面和封底在内 49 页以上的印刷品，具有特定的书名和著者名，编有国际标准书号，有定价并取得版权保护的出版物称为图书。图书是以传播知识为目的，用文字或其他信息符号记录于一定形式的材料之上的著作物。图书是人类社会实践的产物，是一种特定的不断发展着的知识传播工具。

从竹木简牍到今天的各类图书，不管其形式和内容如何变化，只要认真地加以考察和分析，就可以看出它们都具有这样几个要素：

①要有被传播的知识信息。

②要有记录知识的文字、图像信号。

③要有记载文字、图像信号的物质载体。

④图书的生产技术和工艺也是产生图书的基本条件。

（二）图书的特点

图书的特点可归纳为：

1. 内容比较系统，全面，成熟，可靠。
2. 出版周期较长，传递信息速度较慢。

（三）图书的种类

1. 按学科来分可划分为社会科学和自然科学图书。
2. 按文种来分可划分为中文图书和外文图书。
3. 按用途来分可划分为普通图书和工具书。
4. 按特征来分可划分为线装书、精装书、平装书、袋装书电子书、有声读物、盲人书、民族语言书。

（四）图书的一般构成

图书一般由封面、封底、封里和书脊构成。

二、文献的特征

图书是文献的重要组成部分，一般图书馆的文献收藏也以图书为主。随着社会的发展，图书馆的藏书模式发生巨大的变化，逐渐向电子方向改变。但传统的图书馆文献模式依旧以图书为主。文献：分为外部特征和内部特征两大部分。文献特征是编制各种文献检索工具的著录依据。

（一）文献的外部形态特征

（1）文献名称：它是文献内容的概括。

（2）著者名称：它是指对文献负有一定责任的个人或机关团体，俗称作者。

（3）版本：它包括版次和版刻，指文献的排版次数，用来标明文献版本的重要变更。

（4）出版地：它是指出版者所在地的地域名称，可反映地方性出版物的特点，往往也是用户选择文献的条件。

（5）出版者：它包括负责整理、复印出版的机关或出版企业组织等。

（6）版期：它取决于版次，主要指某版次的出版时间。

（7）载体形态：它指文献的页数、卷数、插图、折图、彩图、照片、开本和尺寸等。

（8）标准书号与刊号：它指图书的 ISBN 号和期刊的 ISSN 号。

（二）文献的内部特征

文献的内部特征是指可以揭示文献内容和实质的标志，有分类号和主题词两种。

1. 分类号

文献分类就是根据确定好的逻辑系统（分类法），将文献信息所载知识单元及形式特征，利用号码标志进行分门别类的系统揭示与组织。在分类语言中，用来代表类目名称的标志符合称为分类号，分类号是现代文献分类法的重要组成部分。文献的分类号标志文献信息主题内容及形态特征，是提供分类排架和组织分类目录的依据。从文献分类号可以得知该文献的学科属性、内容实质，如文学用“I”字母标志，中国小说用“I24”来标志。

2. 主题词

主题词是一种以词语为检索标志，采用词语揭示和描述文献信息主题内容，按照主题词字顺组织文献的情报检索语言。主题词是文献的中心思想和所要表达主要内容的高度概括。

第二节　中国图书馆图书分类法

一、《中国图书馆图书分类法》的简介

《中国图书馆图书分类法》是我国建国后编制出版的一部具有代表性的大型综合性分类法，简称《中图法》。自 1999 年第四版起更名为《中国图书馆分类法》，简称不变，英

文译名为 Chinese Library Classification，英文缩写为 CLC。《中图法》的编制始于 1971 年，先后出版了五版，即 1975 年出版的第一版，1980 年出版的第二版，1990 年出版的第三版，1999 年出版的第四版，2001 年出版了《中图法》（第四版）电子版 1.0 版，2010 年出版的第五版。《中图法》与国内其他分类法相比，编制产生年代较晚，但发展很快，它不仅系统地总结了我国分类法的编制经验，而且还吸取了国外分类法的编制理论和技术。

（一）特点

《中图法》第五版出版后，主要有以下特点：

（1）以知识、科学技术发展水平和文献出版的实际为基础，将分类法科学性、实用性有机统一，强调《中图法》的实用性和工具性。

（2）在兼顾文献分类排架需要的前提下，也能满足分类检索工具和分类检索系统的需求；在贯彻《中图法》连续性和稳定性的前提下，又充分反映学科专业的发展带来的类目以及类目体系的变化。

（3）在保证综合性分类法的基本前提下，照顾到专业图书馆文献分类和网络信息组织的需要，处理好集中与分散的关系以及各学科专业类目深度。

（4）标记系统在满足分类法类目体系编制和发展需要的基础上，保持较好的结构性，并力求简明、易懂、易记、易用、易于扩充。

（5）保持《中图法》作为列举式分类法基本属性不变，保持《中图法》的基本部类和基本大类设置以及序列基本不变，保持《中图法》字母-数字混合制的标记符号与层累小数制的标记制度基本不变。在此前提下，有选择地对《中图法》个别大类的体系做较大幅度的调整完善，其他大类重点补充新学科、新事物、新主题；并在保持《中图法》类目细分程度的同时，视文献保障程度，适当调整类目划分详略程度。

（6）《中图法》对第四版修订时，考虑尽量减少对文献改编的影响，保障用户从旧版平稳过渡到新版。

总之，《中图法》是一部既可以组织藏书排架又可以分类检索的列举式等级式体系组配分类法，该分类法主要供大型综合性图书馆及情报机构类分文献、编制分类检索工具、组织文献分类排架使用，同时也可供其他不同规模和类型的图书情报单位根据自己的需要调整使用。

目前，《中图法》已普遍应用于全国各类型的图书馆，国内主要大型书目、检索刊物及各类型机读数据库等都著录《中图法》分类号。

《中图法》在它的发展史上，获得了许多殊荣，曾于 1985 年连同各种版本及辅助工具书荣获国家科学技术进步一等奖。曾被美国图书馆协会主持编制的《世界图书馆及情报机构百科全书》收入到“世界九大分类法”词条中。但是，《中图法》还存在着许多不足，《中图法》的发展历史就是从第一版到第五版不断更新、不断完善的发展过程史，每出一版都有一个质的飞跃。至第五版为止，《中图法》为 5 大部类，22 个大类，51 881 个类目（包括通用类目）。

为了各图书情报单位深入学习、掌握和使用《中图法》，在文献分类工作中做到认识统一、归类准确、避免分歧，提高分类标引的质量，《中图法》编委会在每一新版本出版后，都编制了相应的使用手册。其中第一、二版称《〈中国图书馆图书分类法〉使用说明》较为简略；第三版更名为《〈中国图书馆图书分类法〉、〈中国图书资料分类法〉使用手册》，增加了《中图法》编制理论的说明、版本介绍和有关的附录；第四版更名为《〈中国图书馆分类法〉使用手册》，编写的内容比以往各版本更加充实，增加了新版修订要点、机读数据标引等新内容；第五版使用手册正在编撰中，将在第四版的基础上进行更新、完善、补充。

该手册将对《中图法》编制理论、结构体系和使用方法的权威说明，也将是使用《中图法》最重要的工具书。它不仅对一般分类方法进行阐述，还对各大类的分类要点做较详细的说明，对分类法本身没有说明的分类规则、细分方法进行解释。

（二）分类表

分类表也称主表，它由基本部类、基本大类、简表、祥表和复分表组成。

1. 基本部类

《中图法》设置了五大部类，其排列顺序为马克思主义、列宁主义、毛泽东思想、邓小平理论、哲学、社会科学、自然科学综合性图书。

2. 基本大类

基本大类是分类表中的一级类目。它是在基本部类的基础上根据当前学科状况区分形成的一组具有独立体系的纲领性类目。《中图法》在 5 个部类的基础上设置了 22 个基本大类，其顺序如图 4-1 所示。

<table>
<tr><td colspan="3">中国图书馆图书分类法
中国图书馆图书分类法简称中图法，以下是该分类法的主类目表。</td></tr>
<tr><td>社会科学</td><td>自然科学</td><td>T：工业技术</td></tr>
<tr><td>A 马列主义
B 哲学
C 社会科学总论
D 政治，法律
E 军事
F 经济
G 文化，科学，教育，体育
H 语言
I 文学
J 艺术
K 历史，地理</td><td>N 自然科学总论
O 数理科学和化学
P 天文学，地球科学
Q 生物科学
R 医药，卫生
S 农业科学
T 工业技术
U 交通运输
V 航空，航天
X 环境科学
Z 综合性图书</td><td>TB 一般工业技术
TD 矿 业工程
TE 石油
TF 冶金
TG 金属学，金属工艺
TH 机械，仪表工业
TJ 武器工业
TK 动力工程
TL 原子能技术
TM 电工技术
TN 无线电电子技术，电讯技术
TP 自动化技术，计算技术
TQ 化学工程
TS 轻工业，手工业
TU 建筑科学
TV 水利工程</td></tr>
</table>

图 4-1 《中国法》5 个部类、22 个基本大类

3. 简表

简表是图书分类法的基本类目表，它是由基本大类进一步区分的类目组成，担负着承上启下的作用。《中图法》的简表一般区分到三级类目。第五版《中图法》简表如表 4-1 所示。

表 4-1　第五版《中图法》表

A 马克思主义、列宁主义、毛泽东思想、邓小平理论	B 哲学、宗教	C 社会科学总论
A1 马克思、恩格斯著作	B0 哲学理论	C0 社会科学理论与方法论
A2 列宁著作	B1 世界哲学	C1 社会科学概况、现状、进展
A3 斯大林著作	B2 中国哲学	C2 社会科学机构、团体、会议
A4 毛泽东著作	B3 亚洲哲学	C3 社会科学研究方法
A49 邓小平著作	B4 非洲哲学	C4 社会科学教育与普及
A5 马克思、恩格斯、列宁、斯大林、毛泽东、邓小平著作汇编	B5 欧洲哲学	C5 社会科学丛书、文集、连续性出版物
	B6 大洋洲哲学	C6 社会科学参考工具书
A7 马克思、恩格斯、列宁、斯大林、毛泽东、邓小平生平和传记	B7 美洲哲学	C7 社会科学文献检索工具书
	B80 思维科学	C79 非书资料、视听资料
A8 马克思主义、列宁主义、毛泽东思想、邓小平理论的学习和研究	B81 逻辑学（论理学）	C8 统计学
	B82 伦理学（道德学）	C91 社会学
	B83 美学	C92 人口学
	B84 心理学	C93 管理学
	B9 宗教	C94 系统科学
		C95 民族学、文化人类学
		C96 人才学
		C97 劳动科学
D 政治、法律	E 军事	F 经济
D0 政治学、政治理论	E0 军事理论	F0 经济学
D1 国际共产主义运动	E1 世界军事	F1 世界各国经济概况、经济史、经济地理
D2 中国共产党	E2 中国军事	F2 经济管理
D33/37 各国共产党	E3/7 各国军事	F3 农业经济
D4 工人、农民、青年、妇女运动与组织	E8 战略学、战役学、战术学	F4 工业经济
D5 世界政治	E9 军事技术	F49 信息产业经济
D6 中国政治	E99 军事地形学、军事地理学	F5 交通运输经济
D73/77 各国政治		F59 旅游经济
D8 外交、国际关系		F6 邮电通信经济
D9 法律		F7 贸易经济
DF 法律		F8 财政、金融

（续表）

G 文化.科学.教育.体育 G0 文化理论 G1 世界各国文化与文化事业 G2 信息与知识传播 G3 科学、科学研究 G4 教育 G8 体育 J 艺术 J0 艺术理论 J1 世界各国艺术概况 J19 专题艺术与现代边缘艺术 J2 绘画 J29 书法、篆刻 J3 雕塑 J4 摄影艺术 J5 工艺美术 J59 建筑艺术 J6 音乐 J7 舞蹈 J8 戏剧、曲艺、杂技艺术 J9 电影、电视艺术	H 语言、文字 H0 语言学 H1 汉语 H2 中国少数民族语言 H3 常用外国语 H4 汉藏语系 H5 阿尔泰语系（突厥-蒙古-通古斯语系） H61 南亚语系（澳斯特罗-亚细亚语系） H62 南印语系（达罗毗荼语系、德拉维达语系） H63 南岛语系（马来亚-波利尼西亚语系） H64 东北亚诸语言 H65 高加索语系（伊比利亚-高加索语系） H66 乌拉尔语系（芬兰-乌戈尔语系） H67 闪-含语系（阿非罗-亚细亚语系） H7 印欧语系 H81 非洲诸语言 H83 美洲诸语言 H84 大洋洲诸语言 H9 国际辅助语	I 文学 I0 文学理论 I1 世界文学 I2 中国文学 I3/7 各国文学 K 历史、地理 K0 史学理论 K1 世界史 K2 中国史 K3 亚洲史 K4 非洲史 K5 欧洲史 K6 大洋洲史 K7 美洲史 K81 传记 K85 文物考古 K89 风俗习惯 K9 地理
N 自然科学总论 N0 自然科学理论与方法论 N1 自然科学概况、现状、进展 N2 自然科学机关、团体、会议 N3 自然科学研究方法 N4 自然科学教育与普及 N5 自然科学丛书、文集、连续性出版物 N6 自然科学参考工具书 N7 自然科学文献检索工具 N79 非书资料、视听资料 N8 自然科学调查、考察 N91 自然研究、自然历史 N93 非线性科学 N94 系统科学 N99 情报学、情报工作	O 数理科学和化学 O1 数学 O3 力学 O4 物理学 O6 化学 O7 晶体学 P 天文学、地球科学 P1 天文学 P2 测绘学 P3 地球物理学 P4 大气科学（气象学） P5 地质学 P7 海洋学 P9 自然地理学	Q 生物科学 Q1 普通生物学 Q2 细胞生物学 Q3 遗传学 Q4 生理学 Q5 生物化学 Q6 生物物理学 Q7 分子生物学 Q81 生物工程学（生物技术） Q89 环境生物学 Q91 古生物学 Q93 微生物学 Q94 植物学 Q95 动物学 Q96 昆虫学 Q98 人类学

（续表）

R 医药、卫生	T 工业技术	S 农业科学
R1 预防医学、卫生学	TB 一般工业技术	S1 农业基础科学
R2 中国医学	TD 矿业工程	S2 农业工程
R3 基础医学	TE 石油、天然气工业	S3 农学（农艺学）
R4 临床医学	TF 冶金工业	S4 植物保护
R5 内科学	TG 金属学与金属工艺	S5 农作物
R6 外科学	TH 机械、仪表工业	S6 园艺
R71 妇产科学	TJ 武器工业	S7 林业
R72 儿科学	TK 能源与动力工程	S8 畜牧、动物医学、狩猎、蚕、蜂
R73 肿瘤学	TL 原子能技术	S9 水产、渔业
R74 神经病学与精神病学	TM 电工技术	
R75 皮肤病学与性病学	TN 电子技术、通信技术	U 交通运输
R76 耳鼻咽喉科学	TP 自动化技术、计算机技术	
R77 眼科学	TQ 化学工业	U1 综合运输
R78 口腔科学	TS 轻工业、手工业、生活服务业	U2 铁路运输
R79 外国民族医学	TU 建筑科学	U4 公路运输
R8 特种医学	TV 水利工程	U6 水路运输
R9 药学		U8 航空运输
V 航空、航天	X 环境科学、安全科学	Z 综合性图书
V1 航空、航天技术的研究与探索	X1 环境科学基础理论	Z1 丛书
V2 航空	X2 社会与环境	Z2 百科全书、类书
V4 航天（宇宙航行）	X3 环境保护管理	Z3 辞典
V7 航空、航天医学	X4 灾害及其防治	Z4 论文集、全集、选集、杂著
	X5 环境污染及其防治	Z5 年鉴、年刊
	X7 行业污染、废物处理与综合利用	Z6 期刊、连续性出版物
	X8 环境质量评价与环境监测	Z8 图书报刊目录、文摘、索引
	X9 安全科学	

4．祥表

祥表是按照类目之间的等级关系细列的分类表，它是分类法的正文，如表 4-2 所示。例如，《绘画技法大全》这本书的分类号为 J211.2。

表 4-2 祥表

分类号	类目名称	级次
J	艺术	一级
J2	绘画	二级
J21	绘画技术	三级
J211	一般技术	四级
J211.2	各种题材画技法	五级
J211.22	生产建设	六级

5. 复分表

复分表又称为辅助表或附表，是由共同性的子目构成，单独编制供有关类目进一步区分时共同使用的表。《中图法》的复分表分为：①总论复分表；②世界地区复分表；③中国地区复分表；④国际时代表；⑤中国时代表；⑥世界种族与民族表；⑦中国民族表；⑧通用时间、地点表。

例如，《英国油画集》为 J233（561），“（561）”为英国复分号；《近两年来的肿瘤疗法经验》为 R730.5=5，“=5”为时间复分号。总之，每个分类号都能准确地反映出该图书的基本内容特征。

二、《中图法》的标记符号

《中图法》采用拉丁字母与阿拉伯数字相结合的混合制标记符号（标记符号也称分类号，是类目的代号），以拉丁字母标记基本大类（22 个大类），在字母段之后，使用阿拉伯数字标记各级类目，并可根据大类的实际配号需要再展开一位字母，用于标记各级类目。如“T 工业技术”大类范围广泛，内容繁多，故又在该类基础上采用双位拉丁字母标记其所属的 16 个二级类目。此外，为满足某些类目按主题名称区分和排列其所属的大量同类事物的需要，也有选择地使用了“字母标记”法，即在类目的最后区分阶段再使用字母标记其下位类。例如，TP312 程序语言、算法语言，依语言名称的前两位英文字母区分，并按字母序列排。又如，ALGOL 程序语言为 TP312AL，BASIC 程序语言为 TP312BA，TP312AL 排在 TP312BA 之前。若程序语言名称的前两个字母相同时，则再取第三位字母，以此类推。

三、索书号的含义与构成

（一）索书号的含义

索书号，顾名思义就是可凭此号寻找图书，索取图书。大家在借还图书的过程中会看到在图书的书脊上有一个标签，上面有由字母和数字组成的号码，这号码就是索书号。利用《中图法》分类的结果是使每种图书都获得一个分类号（class number），但仅有一个分类号是不够的，因为同一类图书可能有很多种，所以还有必要进行进一步区分。在分类的基础上，再赋予每种图书一个书次号，共同组成图书的索书号（call number），如TP316/180。分类号的主要作用就是把图书按学科区分开来，把论述相同学科内容的图书归纳到统一的类号下，例如把无机化学方面的书全部归纳到 O61 这个类号中，把有关计算机的书归到 TP3 类中。书次号是用来区分每类图书中的各种图书和每册图书的，例如，通过不同的书次号，把 O61 类中的《基础无机化学》《高等无机化学》《无机化学命名原则》一一区分开来。书次号的取法比较多，目前主要采用种次号和著者号两种。简单来说，种次号是根据图书分类时的先后次序，对同类书按种依次给予不同的顺序号而形成的号码，如 1，2，3，4，…，99…同一类目下，后一种图书的号码是前一种图书的号码加“1”。著者号是以代表文献著者名称的号码来区分同一分类号的不同文献，一般需利用著者号码表。在馆藏系统中，每种索书号是唯一的，可借以准确地确定馆藏图书在书架上的排列位置，是读者查找图书非常必要的代码信息。

（二）索书号的构成

索书号是识别一种图书的唯一标志，由分类号和书次号两部分组成，中间用“/”隔开，如雌雄剑（中）I247.58/100。

四、图书的分类排架规则

图书馆藏书都是按索书号排架的，确定不同索书号排列顺序的步骤是：先比较分类号码；若分类号码相同再比较种次号。

（一）分类号的排列

①分类号的排列采用由左至右逐位对比的方法，先比较字母部分，再比较数字部分。字母部分按英文字母固有的次序排列。例如，B2 中国哲学，B3 世界哲学，E27 各种武装力量，E512 苏联军事，TM92 电气化、电能应用，TU201 建筑设计原理。

②分类号中的阿拉伯数字依小数制排列。例如，B021 辩证唯物主义的物质论，B022 辩证唯物主义的意识论，B022.2 客观规律性与主观能动性，D035.37 交通公安管理，D035.4 监察、监督。

③数字之后若还有字母，则在前部类号相同的基础上，再按字母顺序排列。例如，TP312AL ALGOL 程序语言，TP312BA BASIC 程序语言，TP312CO COBOL 程序语言。

④总论复分号“-”要排在数字“0”的前面。例如，H-61，H0，…，H31-61，H310…

⑤总论复分号“-”要排在组配符号“：”的前面。例如，H31，H31-62，H31：F，H31：I，…，H319，H319.4，H319.4-44，H319.4：B，H319.4：C…

（二）种次号的排列

当分类号相同时，则要开始比较种次号。比较简单的种次号按照阿拉伯数字的顺序排列即可，如 I247.57/35，I247.57/36，247.57/37…

第三节　图书馆流通书库布局及藏书分类排架

一、流通书库布局

图书馆流通书库分为文学书库和综合书库两个书库。文学书库是将所有“I”类的图书单独出来，形成一个书库，目前藏书接近 10 万册。综合书库是除了所有“I”类的图书以外的其他 21 个大类的图书。目前藏书接近 70 万册。

流通书库各类图书楼层分布如下：

一楼书库：艺术、语言文字、交通运输、航空航天、环境科学以及综合类图书，分类代号分别为 J、H、U、V、X、Z。

二楼书库：计算机及自动化、文教、生物类图书，分类代号分别为 TP、G、Q。

三楼书库：除计算机及自动化以外的工业技术类图书，分类代号分别为 TB、TE、TG、TH、TS、TM、TN、TK、TQ、TU。

三楼西面：文学类图书，分类代号为 I。

四楼书库：史地、生物、医药、农业等类图书，分类代号分别为 D、K、N、O、P、R、S。

五楼书库：哲学、政治、法律、经济、文化教育等类图书，分类代号分别为 A、B、C、E、F。

二、藏书分类排架

图书馆严格按照《中图法》进行分类排架，方便读者进行借阅。两个书库采取独立借/还和统一管理的方式进行运作。

第四节　图书检索与借阅

读者借阅自己所需要的图书，必须掌握一定的方法和技巧。流通书库的图书有 100 多万册，如何从这么多的藏书中找到自己所需要的那一本图书，就必须按照如下步骤进行：①先进行“藏书检索”，先找到自己所需要图书的索取号；②然后再到图书馆流通书库根据“楼层索引”找到该书在哪一层；③然后根据“书架导牌”找到该书位于哪一个书架上；④最后根据图书的排架规律，按照“书次号”的大小顺序，直接找到这一本图书。

一、图书检索

图 4-2 所示的检索页面就是“馆藏书目检索”，网址为 http：//10.196.1.11/NTRdrBookRetr.aspx。该检索页面提供了 6 种检索方式，包括书名、作者、分类号、ISBN、索取号和任意词检索，如图 4-3 所示。该检索给读者提供了不同的检索方式和途径，为读者根据自己所需查找图书的信息提供了比较简捷的检索方式。

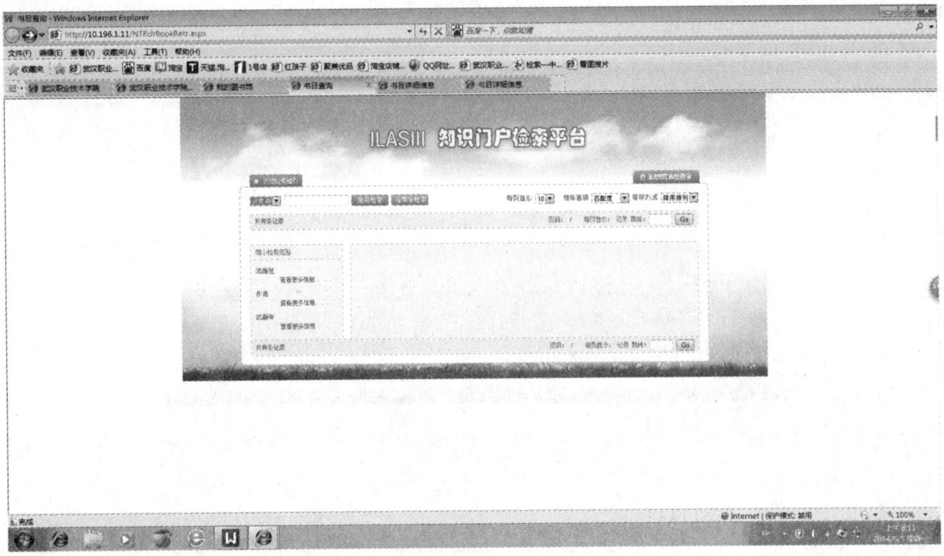

图 4-2 “馆藏书目检索”页面

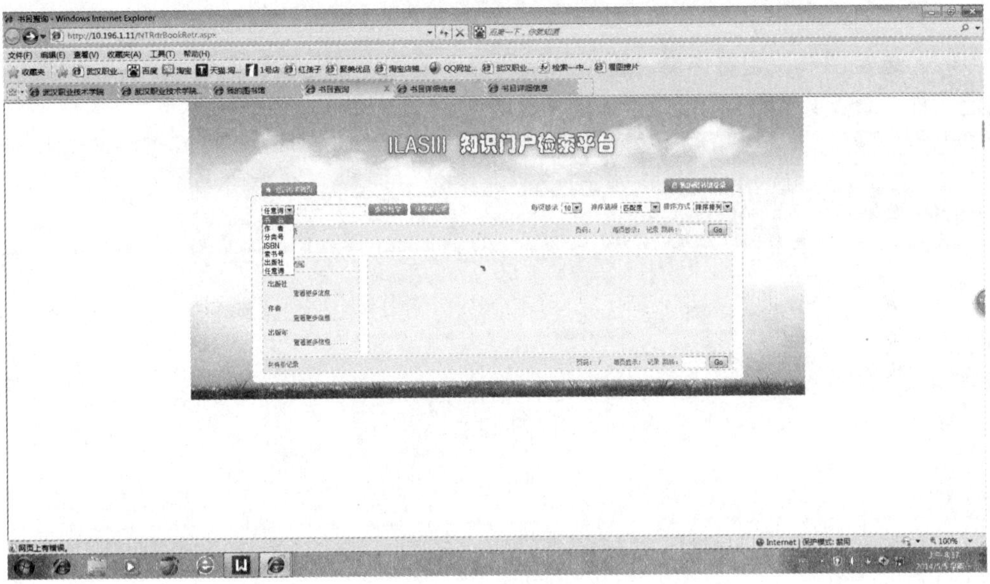

图 4-3 6 种检索方式

1. 按照书名检索

如果读者知道所找图书的书名，其他的信息不是很清楚，则可以选择“书名”的检索方式，如读者想查找《投资项目评估》一书，具体操作步骤如下：

（1）在检索途径中选择“书名”，输入书名，单击检索，如图 4-4 所示，弹出如图 4-5 所示的书目信息。

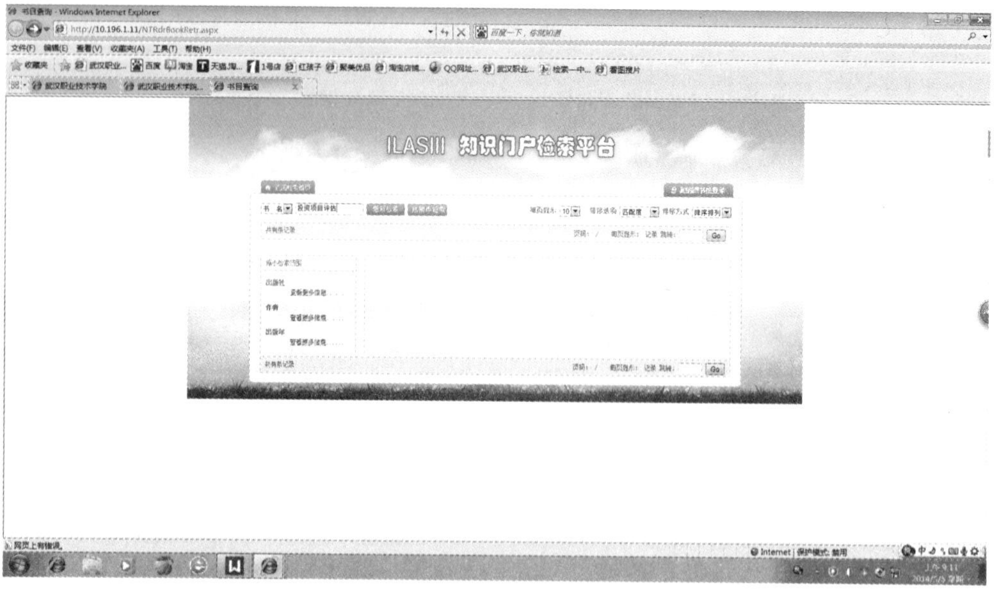

图 4-4 书名检索页面

（2）选定图书，查看详情。检索结果所显示的图书都是我馆的馆藏图书。读者可以选定一种，查看其“详细信息”，如图 4-6 所示。

图 4-5 检索出的书目信息

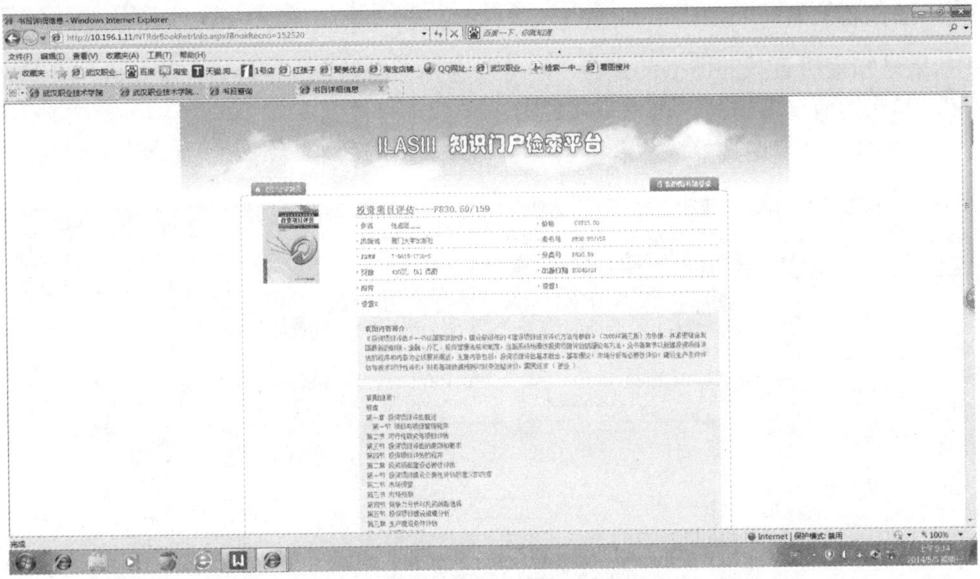

图 4-6　图书详细信息界面

该界面的信息包括图书的作者、出版社、页码、价格、索取号、分类号、内容简介、联合目录，以及具体的馆藏信息等。如果读者根据这些信息，确定这就是自己所要找的那本图书，而且馆藏信息中显示有“入藏”，就可以到图书馆去借这本书。

（3）获取图书

记下这本图书的索取号“F830.59/159”，再根据楼层索引，如图 4-7 所示。找到该本图书在本馆的五楼，然后根据五楼的书架索引，找到该分类号“F830.59”所在的书架，书次号“159”，按照数字的顺序，找到 159 号就是你所需要的图书。

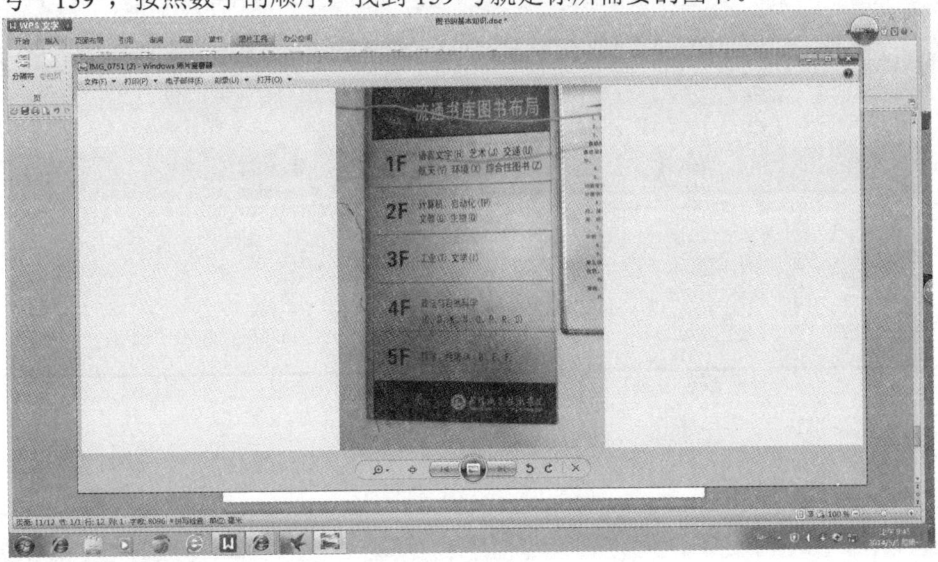

图 4-7　楼层索引

2. 按作者检索

如果只知道所查找的图书的作者，则可以选择“作者”进行检索。若知道作者是“郎咸平”，其他的信息不清楚，则可以按照以下步骤进行检索：

（1）在检索途径中选择“作者”，输入作者名字，单击“检索”，如图 4-8 所示。

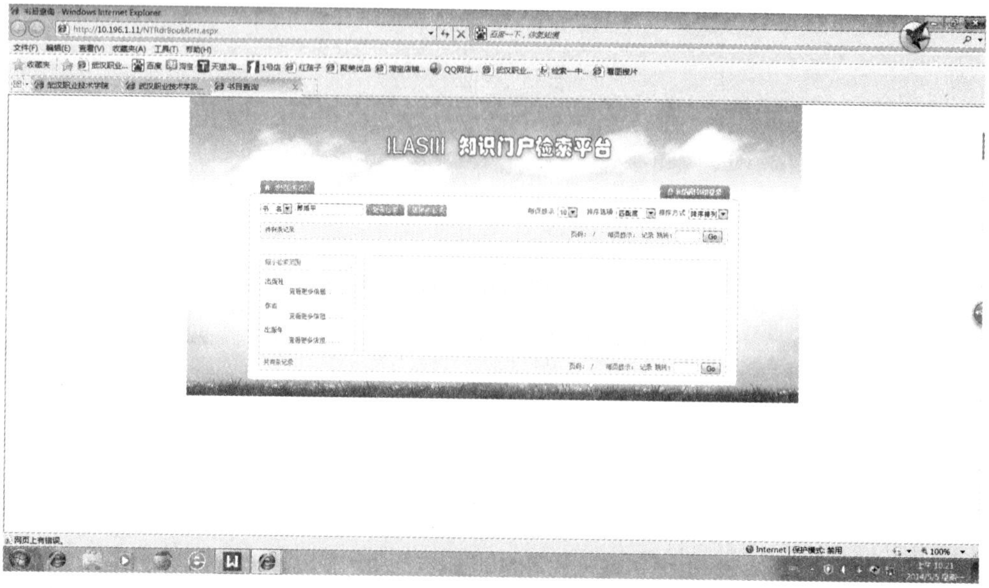

图 4-8　按作者进行检索

（2）查看检索出的书目信息，选择图书，如图 4-9 所示。

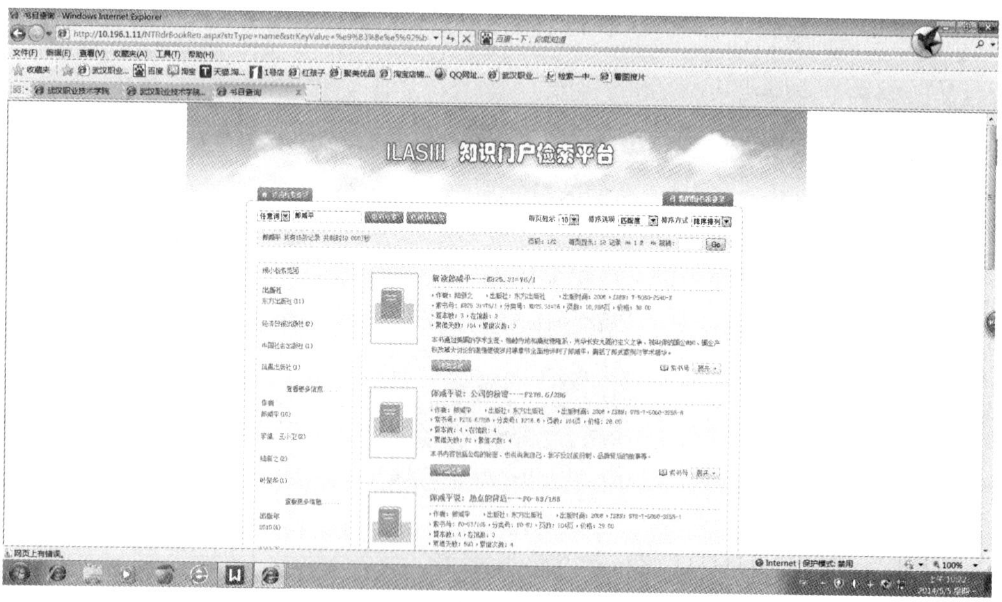

图 4-9　检索出的书目信息

（3）单击所选图书，记下索取号，获取图书，方法同“书名检索”。

注：如果想选择作者某年出版的图书，可以在书目信息页面左侧单击“出版年”，选择年代，如图 4-10 所示。

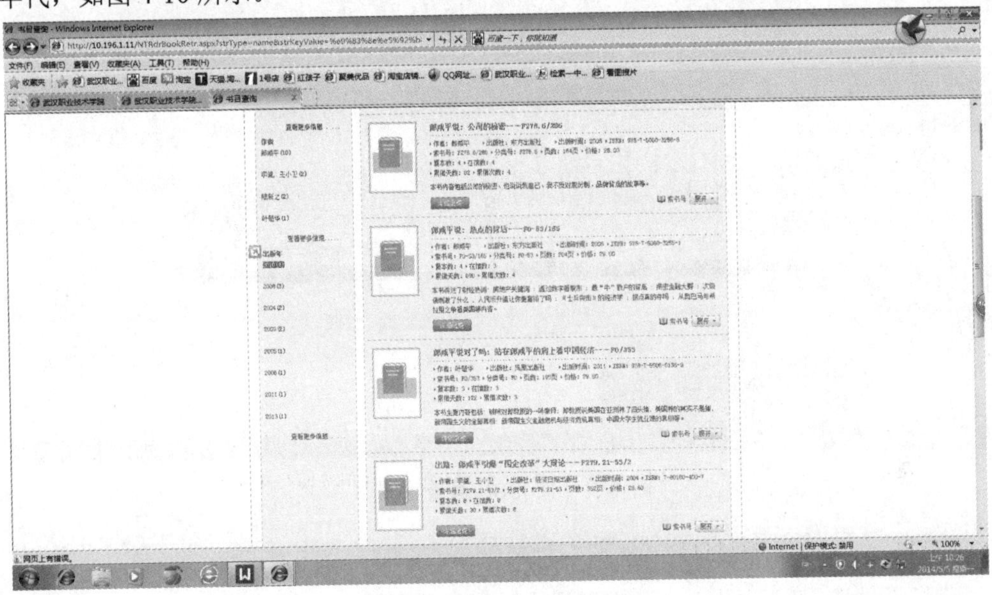

图 4-10　作者某年出版的著作

3．按照分类号查找

这需要读者有专业的图书资料知识，对于一般的读者，不建议采用这种方式去查询图书。

4．按照索取号查找图书

这也必须由专业的图书管理员去进行。

5．按照 ISBN 号查找

如果读者通过推荐的方式，能够知道所要查找的图书的 ISBN 号，这也不失为一种比较快捷的查找图书的方式，因为每一种图书的 ISBN 是唯一的，如要查找 ISBN 号为 978-7-5060-3749-5 的图书，方法如图 4-11 所示。

单击“重新检索”，其显示的结果是唯一的。单击其“详细信息”，就可以很清晰地看到这部书的重要信息，如图 4-12 所示。

然后，记下其索取号 F062.9/27，根据上面的操作步骤就可以非常快地找到这本书。

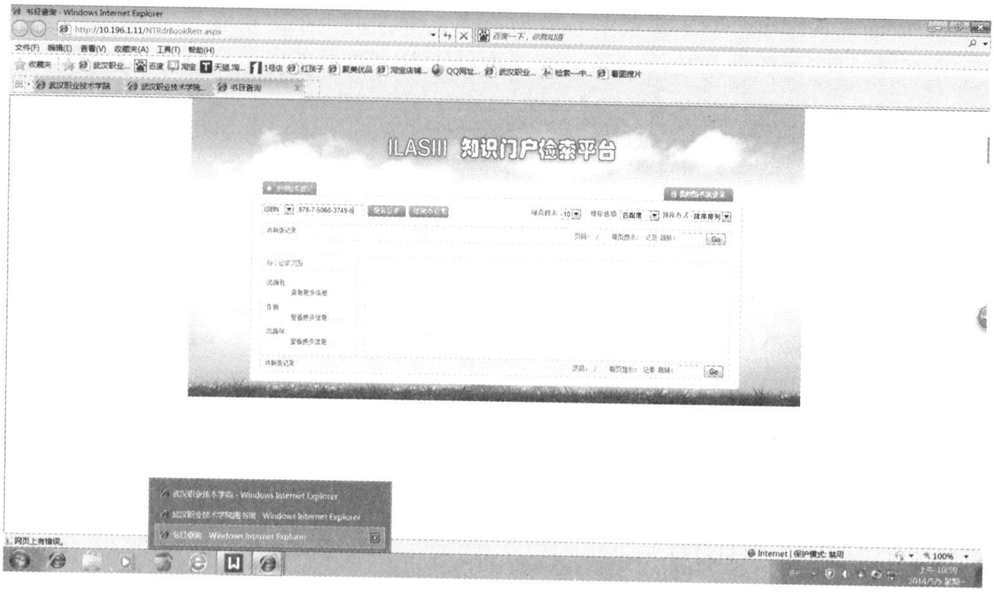

图 4-11　按 ISBN 号查找图书

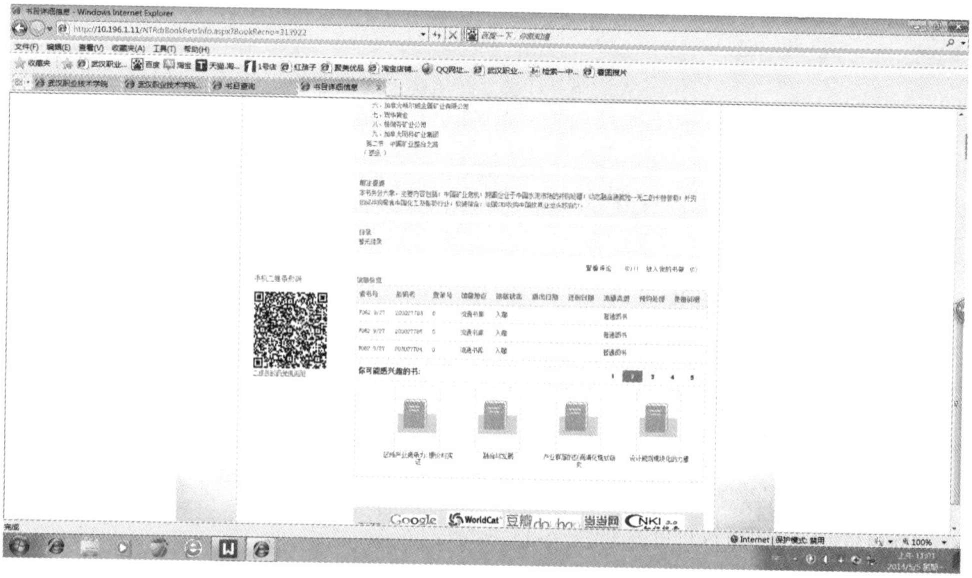

图 4-12　详细信息

二、图书的借阅

读者通过藏书检索查找到自己所需的图书后，就可以找到该书进行借阅了。借阅的过程比较简单，目前我馆不采用借书证，而是使用“校园一卡通”进行借阅。你只需要将所要借的图书和你的“一卡通”交给借阅台的工作人员，他们就可以帮你完成借阅手续。

1．借阅图书的数量

借阅图书数量是有限制的。借阅数量最多是 5 本，其中文学书，也即 I 类的图书是 2 本，其他类的图书是 3 本，而且不能通借，即你不能借 5 本“I”的图书，也不能借 4 本或 5 本“I”类以外的其他图书。

2．借阅期限

你所借的图书不能长期自己使用，有一定的时间限制。“I”类的图书借阅期限为 30 天，其他类为 60 天。读者借阅图书权限具体如表 4-3 所示。

表 4-3　读者借阅图书权限

图书类型	借阅数量	借阅天数	续借天数
普通图书	3 册	60 天	60 天
文学图书	2 册	30 天	30 天

3．图书续借

你可以在网上办理，也可以持需要续借的图书直接去借阅台办理续借手续。网上的续借步骤如下：

（1）输入登录“我的图书馆”，校园卡号与密码，如图 4-13 所示。

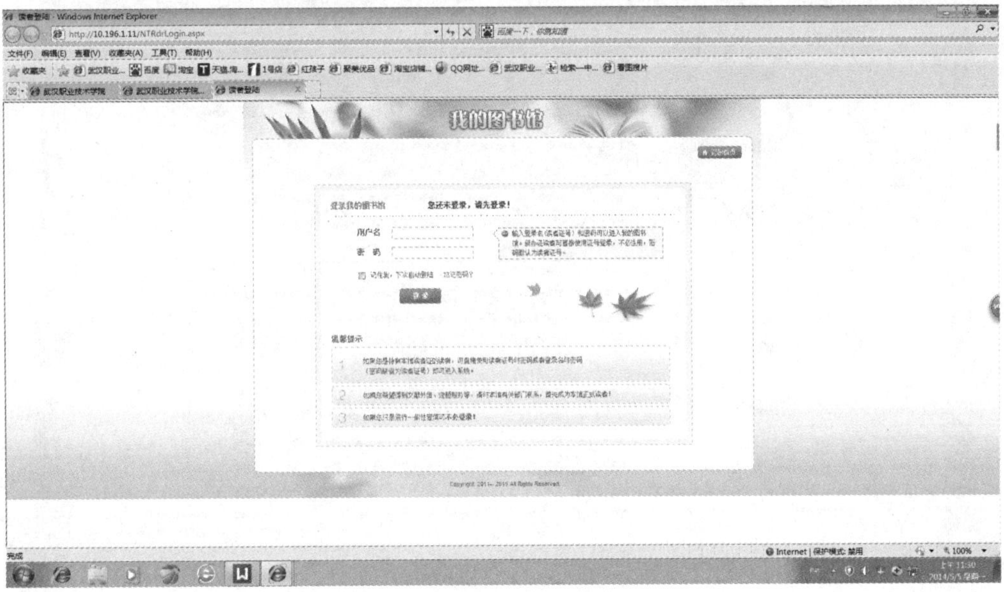

图 4-13　登录“我的图书馆”

（2）单击左侧“图书续借”，如图 4-14 所示。

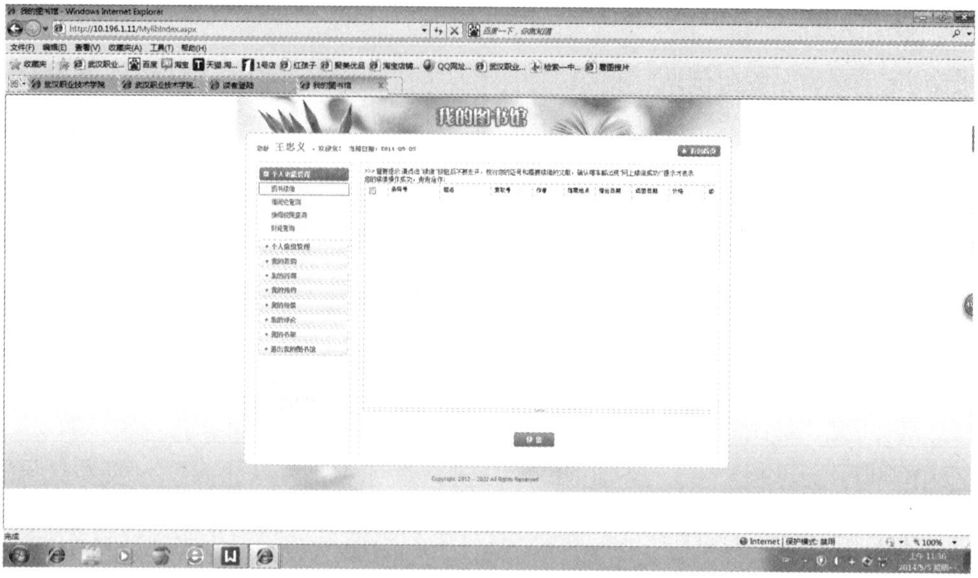

图 4-14　图书续借页面

（3）选定需要续借的图书，单击“续借”按钮，如图 4-15 所示。

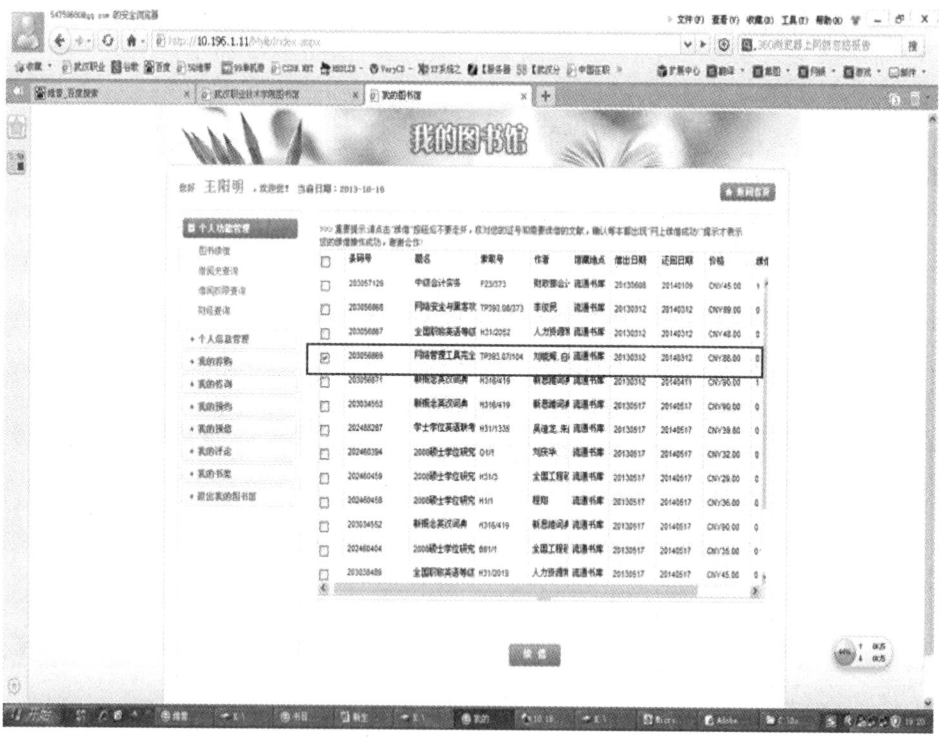

图 4-15　选择续借图书

（4）完成续借手续，借阅期限相应延长，如图 4-16 所示。

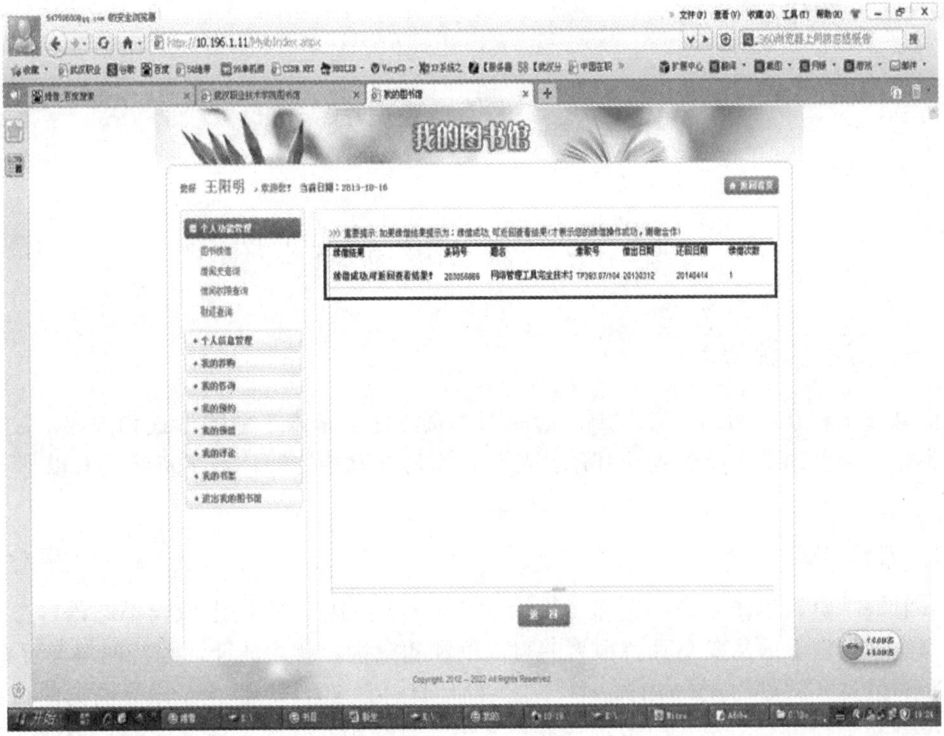

图 4-16　续借完成

4．**图书归还**

图书馆的图书是公共财产，供全校师生员工分享。读者应在规定日期之前归还。图书的归还手续比较简单，只需将图书送到图书馆借阅服务台，交工作人员检查验收即可。

注：“I”类的图书请到三楼文学书库归还，其他类的图书到一楼借阅服务台归还。

5．**借阅图书的几点说明**

（1）所借图书是图书馆的公共财产，必须爱惜。

（2）所借图书超期要罚款，罚款按照 0.1 元/本/天累积。

（3）丢失图书要赔款，赔款按照书价 3～5 倍进行赔付。

（4）不允许破坏图书的标志条形码，因为图书的信息就储藏在该条码内，破坏条码等同于丢失图书，按照丢失图书进行赔付。

第五章 数 字 资 源

第一节 数字资源简介

一、数字资源特点

信息技术和互联网的迅猛发展，为图书馆资源建设带来了新的形式和内容，数字资源成为数字图书馆最重要的物质基础。与传统纸质文献相比较，数字资源具有以下 5 个特点。

1. 内容丰富

目前数字资源包罗万象，覆盖了不同学科、不同领域、不同地域、不同语言；尤其是网络信息，由于信息发布具有很大的自由度和随意性，有人估计，因特网每天发布 14 万件新的信息（总量约 450MB），全网提供的信息总量 20TB，但由于缺乏必要的过滤、质量控制和管理机制，正式出版物与非正式出版物交织在一起，学术信息、商业信息以及个人信息混为一体，导致内容异常丰富，质量良莠不齐，泥沙俱下，为用户选择、利用网络信息资源带来了不便。

2. 形式多样

数字资源包含类型多种多样，有电子书、数字化报刊、商业信息、新闻报道、电子地图等，在表现形式上以多媒体为内容特征，包括文本、图像、声音、软件、数据库等，既可欣赏动态影像，又可观看静态文字画面、欣赏乐曲、游戏娱乐，且能反复进行，直观形象，具有打印输出和磁盘输出等多种输出关系，堪称多媒体、多语种、多类型信息的混合体。

3. 高度共享

数字信息的共享性主要体现在两个方面：一是数字信息以现代信息技术为生产手段，易于复制，复制品质量和功能与原件无差别，而且复制成本低廉；二是数字信息既可以在计算机内高速处理，又可以通过网络远距离传送，不受时间空间限制，这就使不同地方的人可以在不同时间共享同意信息。

4. 时效性强

由于数字信息资源从本质上改变了信息创造交流和获取的方式，摈弃了传统文献的编辑、出版、发行等环节，从作者投稿到上网完全在网上进行，实现作者与编辑不受时空限制的即时交流，大大缩短了信息编辑出版的时间，加快了知识创新和应用的过程。而且数字信息的更新也比传统出版物的修订更容易、更快捷。

例如，“7·23”动车事故，1小时后微博新闻就开始报道，并及时跟踪事件，更新伤亡人数及救援动态。而报纸在第二天才开始报道，期刊则要在至少一周后才有相关文章。又如连载网络小说，作者写一部分便上传到网络，网编审核后即可发布到网站，作者还可以根据读者的意见和建议及时修改故事情节。

5．检索便利

数字信息由于利用现代信息技术生产、存储和传播，具有极强的检索功能，检索速度快、途径多、不受时间地点限制。尤其是网络信息资源利用超文本链接（而不是以线性排列），构成立体网状信息链，信息之间有很强的关联性，可以把不同国家、不同地区、各种服务器、各种网页、各类文献链接起来，任意跳转。检索者无须预先知道某种信息资源的具体地址，可访问和获取广泛分布在世界各地的成千上万服务器和主机上的大量信息，在信息海洋中快捷获得所需信息。

例如，想知道高职生就业情况，只要在搜索引擎中输入关键词“高职就业”，就可以检索到各高职学校就业介绍网页、求职中介网页、招聘公司网页，再通过网址链接就可以查看详细内容。

二、数字资源类型

随着信息技术的发展，数字资源的范围越来越广，形式更加多样，依据不同的标准，可以划分为不同的类型。例如，按内容的表现形式，可以划分为数据库、电子期刊、电子图书、电子报纸等；按存储介质可分为磁介质和光介质两种类型；其中，磁介质包括软盘、硬盘、磁盘阵列、活动硬盘、优盘、磁带等类型；光介质包括CD、DVD、LD等类型。常用的数字资源存储介质为硬盘、磁盘阵列、磁带及CD、DVD、LD等；按照传播的范围，可以划分为网络信息资源和单机信息资源。国家新闻出版总署把数字资源分成以下类型：电子图书、数字期刊、数字报纸、数据库出版物、数字化视频、网络原创文学、数字教育出版物、数字音乐、网络动漫、网络游戏、网络地图、手机出版物。

1．电子图书

电子图书是直接以数字形式出版的图书或纸质图书的数字化形式和电子版形式，通过计算机或类似设备阅读。电子图书常按照照传统书籍的格式编排以适应读者的阅读习惯，还具有可检索、可复制、低成本等优点，如超星电子图书、书生之家电子图书、方正数字图书馆等。

2．数字期刊

数字化期刊是指所有以电子形式存在的期刊，包括印刷型期刊的电子版、无印刷版的网络型电子期刊、光盘型的电子期刊，如万方数字化期刊、知网数字化期刊、维普中文科技期刊、博看期刊网等。

3．视频资源

视频资源指由网络视频服务商提供的以WMV、RM、RMVB、FLV以及MOV等视频文件格式传播的声像文件，可以在线通过Realplayer、indowsMedia、Flash、QuiekTime

及 DIVX 等主流播放器播放，也可以下载保存，内容包括各类影视节目、讲座、新闻、广告、FLASH 动画、自拍 DV、聊天视频、游戏视频、监控视频等，如网上报告厅、蔚秀报告厅、知识视界等。

4．数据库

某一学科或某一类文献以数据库形式出版，分为网络版和镜像版，常见的数据库有产品资料、公司名录、标准法规等，一般由数据库商提供，限定在一定范围内使用。如学位论文数据库、专利技术数据库、中外标准数据库、政策法规数据库中国法律法规数据库、中国科技成果数据库、中国特种图书数据库、中国企业机构数据库、中国专家数据库、中国学者博文索引库、外文文献数据库等。

5．数字教育出版物

利用网络的各种功能和丰富的教育资源，向受教育者和学习者提供的一种网络教和学的环境，以及传递的数字化内容。网络教育出版物包括试题、网络教材、教辅、教学辅导服务软件或与教育相关的信息。如起点自主学习系统。

第二节　本馆主要数字资源使用方法

一、数字图书馆——我的图书馆

（一）功能

本馆使用 ILasIII的读者信息管理系统，用户注册、登录后，可以进行以下操作：

（1）在“注册管理”中修改密码，修改您的个人资料。

（2）在“我的预约”中进行预约请求查询，了解当前的预约状况和处理过程。

（3）在“我的借阅”中进行图书续借和借阅权限查询、借阅史查询，了解当前的借阅状况和处理过程。

（4）在“我的荐购”中对图书馆准备采购的文献提出“我要荐购”，并可以查询“荐购结果”，如果您有新的文献希望购买，但图书馆准备采购的目录中没有列出，您可以进行荐购。

（5）在“我的财经档案”中进行财经查询、财经史查询。

（二）使用方法

（1）进入图书馆主页，注册、登录（本校读者使用一卡通账号），如图 5-1 所示。

（2）进入“我的图书馆”主页，可进行以下操作：

①续借示例，即单击“图书续借”，如图 5-2 所示。

图 5-1　图书馆主页

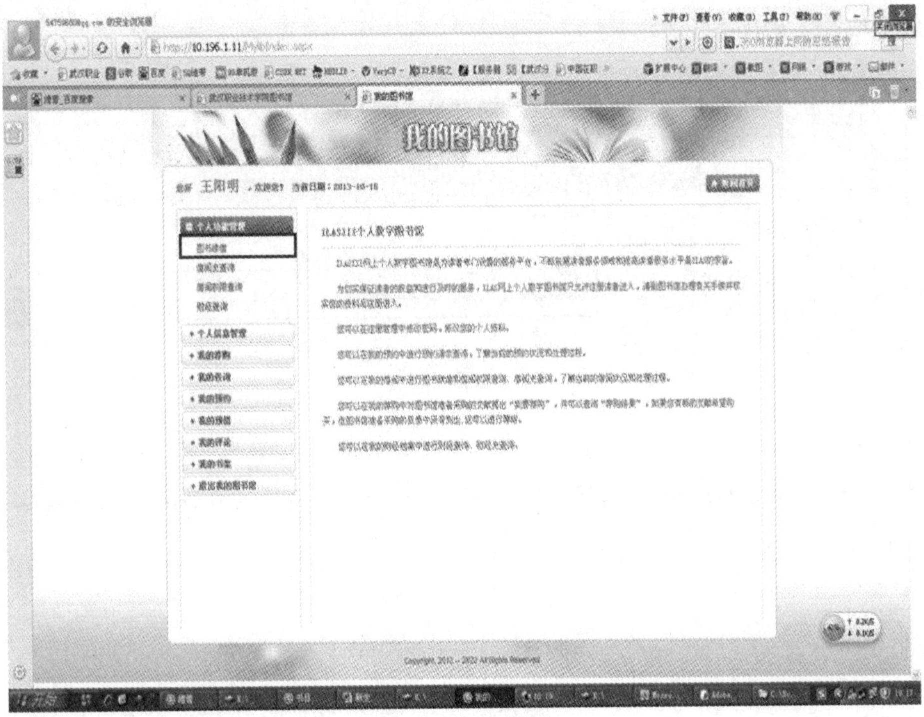

图 5-2　图书续借

选择需续借图书，单击续借按钮，如图 5-3 所示。

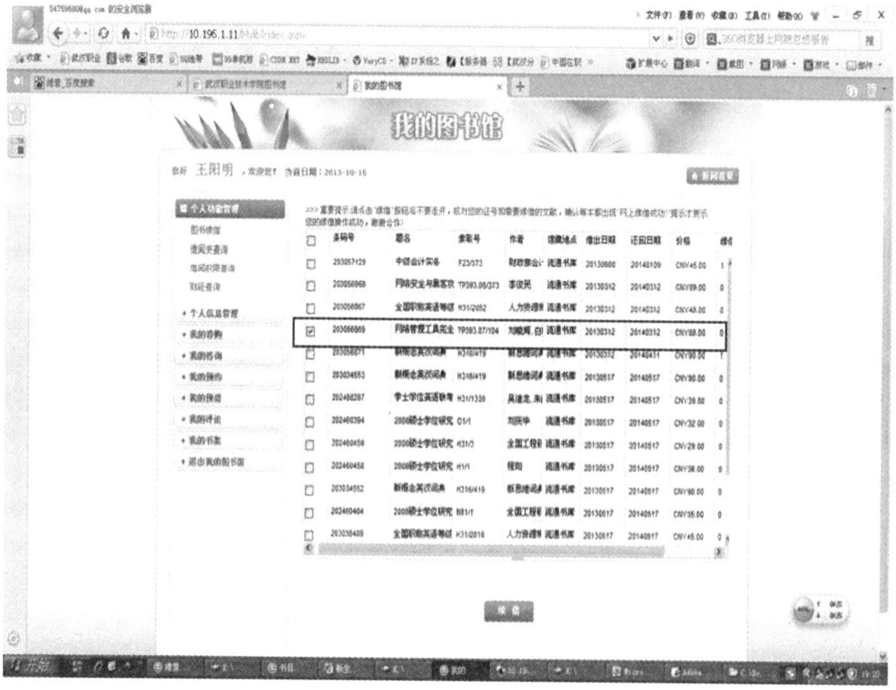

图 5-3　单击“续借”按钮

续借成功，如图 5-4 所示。

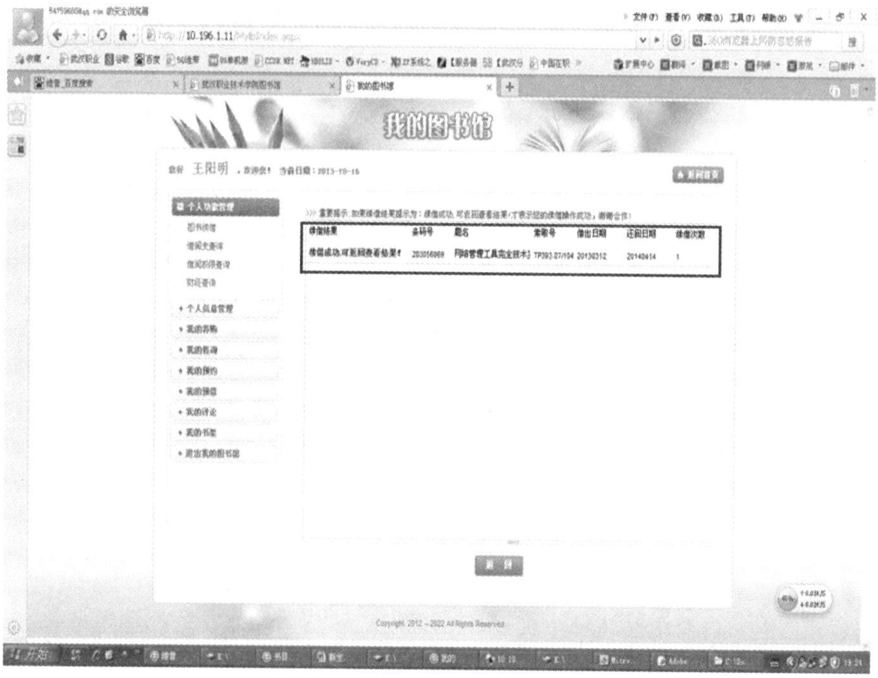

图 5-4　续借成功

②借阅史查询，如图 5-5 所示。

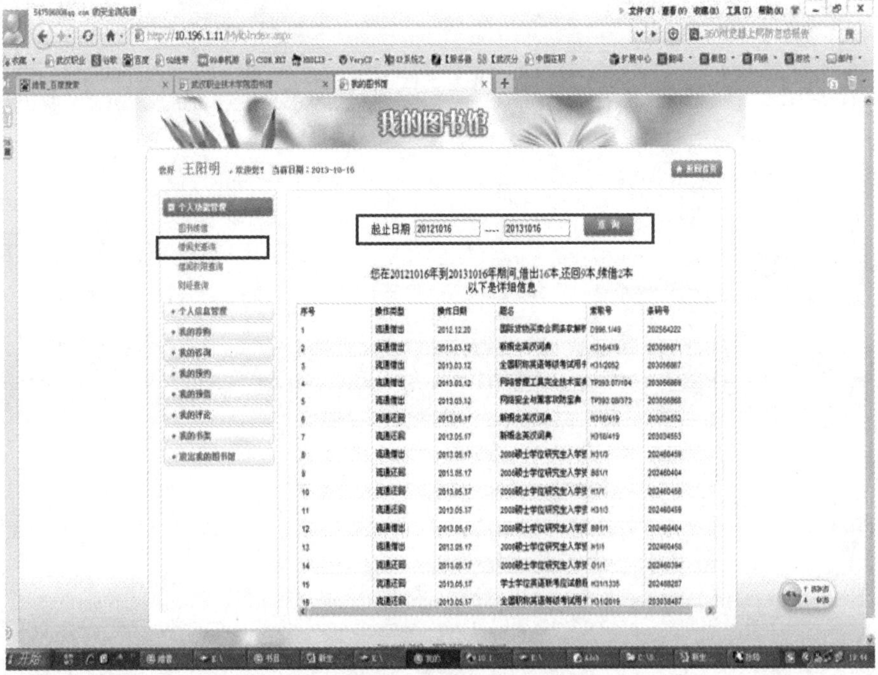

图 5-5　借阅查询

③借阅权限查询，如图 5-6 所示。

图 5-6　借阅权限查询

④财经查询，如图 5-7 所示。

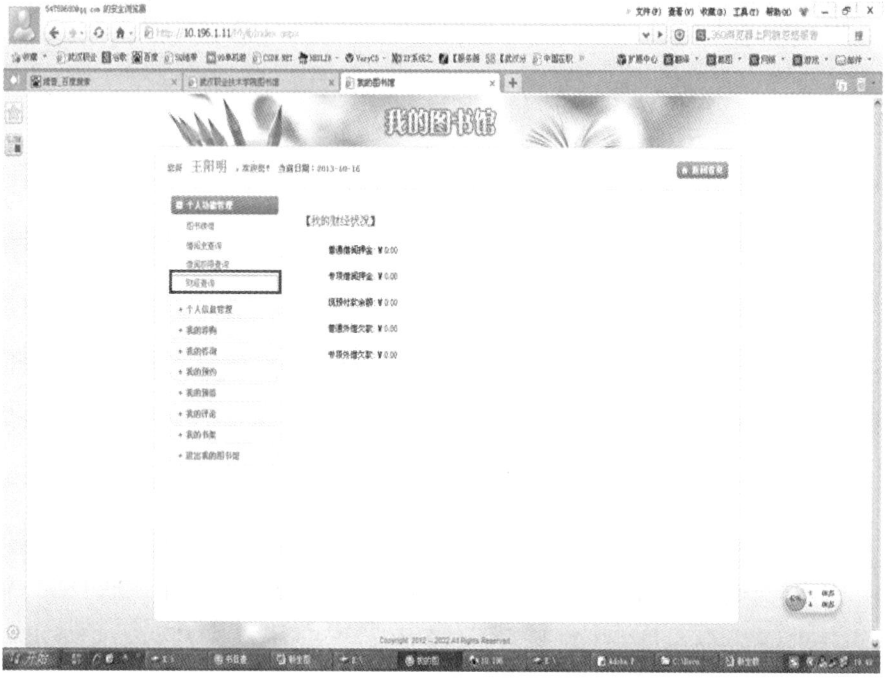

图 5-7 财经查询

⑤我的荐购，单击“荐购”按钮，如图 5-8 所示。

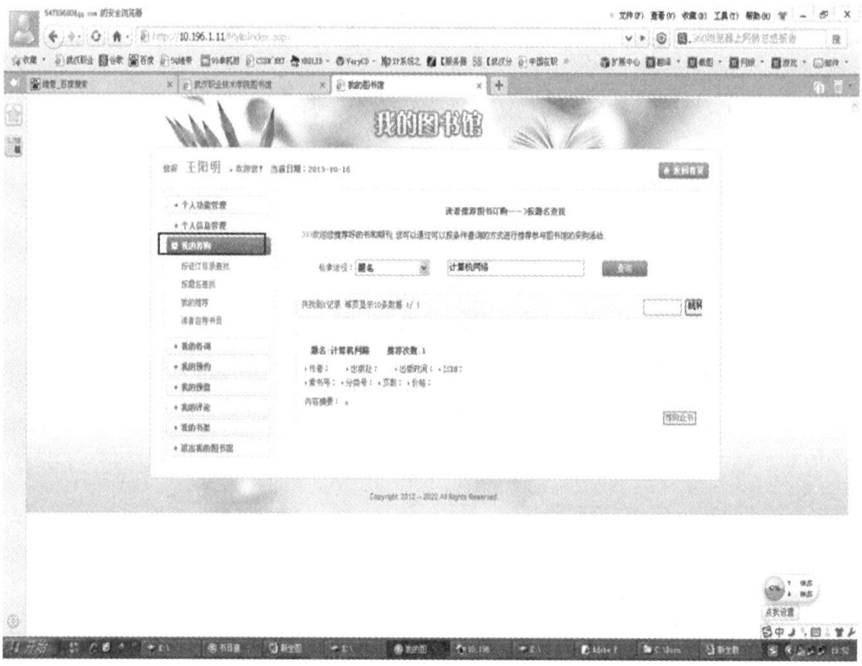

图 5-8 单击“存购”按钮

查看自己荐购的图书，如图 5-9 所示。

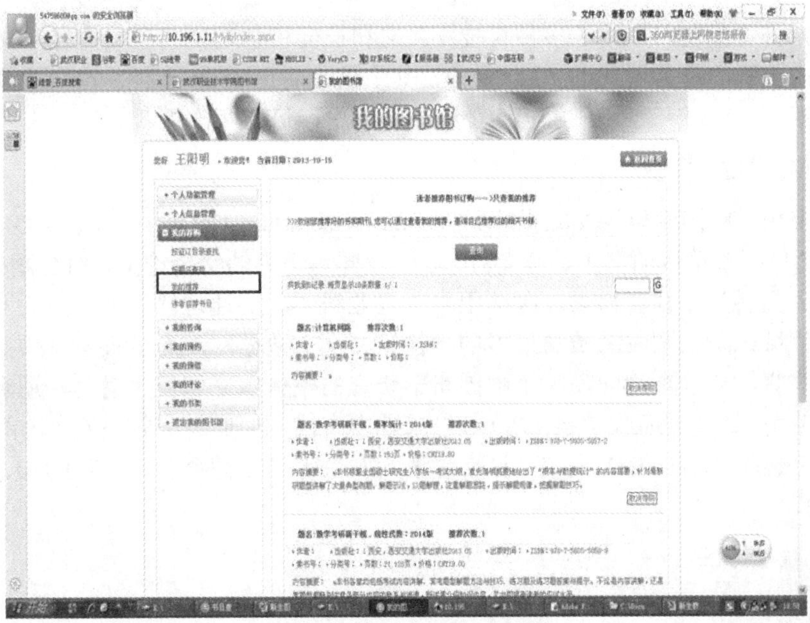

图 5-9　查看自己荐购的图书

二、万方数据知识服务平台

（一）简介

万方数据知识服务平台将万方学术期刊论文、学位论文、中外学术会议论文、标准、专利、科技成果、特种图书等各类信息资源集中在一个页面检索，通过一个关键词，可以检索出相关的不同类型的文献，如图 5-10 所示，其中我馆拥有学术期刊论文、学位论文全文使用权。

图 5-10　万方数据知识服务平台搜索页面

1．**万方数字化期刊**

由万方公司开发，集纳了多种科技及人文和社会科学期刊的全文内容，收录自 1998 年以来国内出版的各类期刊近 7000 余种，其中核心期刊 2500 余种，论文总数量达 1680 万余篇（截至 2011 年 3 月），每年增加约 200 万篇，每周两次更新。

2．**万方学位论文**

万方公司《中国学位论文数据库》（China Dissertation Database，CDDB），收录我国 90%以上学位授予单位的博士、博士后、硕士及同等学力的学位论文，内容涵盖理学、工业技术、人文科学、社会科学、医药卫生、农业科学、交通运输、航空航天和环境科学等各学科领域，是我国收录数量最多的学位论文全文数据库，充分展示了中国研究生教育的庞大阵容，从一个侧面反映了中国科学研究的整体水平和巨大潜力，适合各大学和科研机构使用。该数据库收录自 1980 年以来国内高校、科研院所等学位授予单位的硕士、博士论文，覆盖 97%的 211 高校，论文总量 180 余万篇（截至 2011 年 3 月），每年增加约 30 万篇。

（二）检索方法

1．**登录**

进入“武汉职业技术学院”主页，单击“万方数据”，如图 5-11 所示。

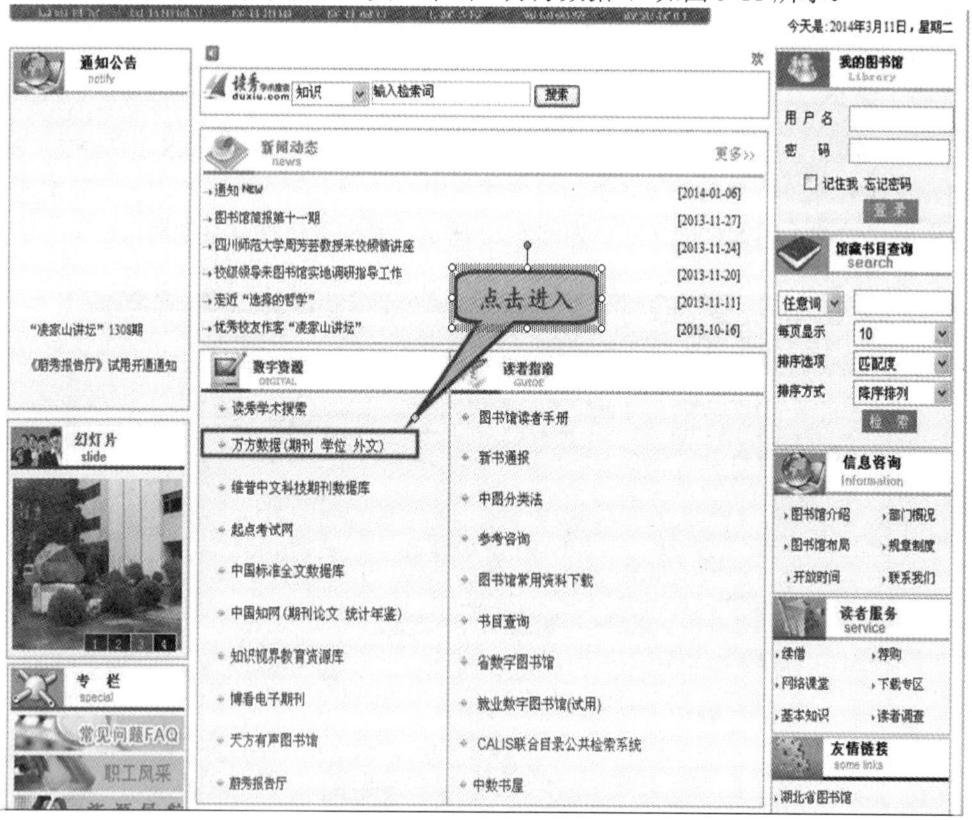

图 5-11　武职主页“万方数据”

2．进入“万方数据知识服务平台”首页（如图 5-12 所示）

图 5-12　“万方数据知识服务平台”首页

3．一框式检索

使用系统提供的一框式检索，输入关键词，用户可以方便地检索到相关文献，如图 5-13 所示。检索结果如图 5-14 所示。“一框式检索”默认的资源类型“学术论文”，包含期刊论文、会议论文、学位论文、外文文献（外文期刊和外文会议）以及 OA 论文；还可以选择某种文献类型在其中进行检索，具有智能推荐检索词的功能。

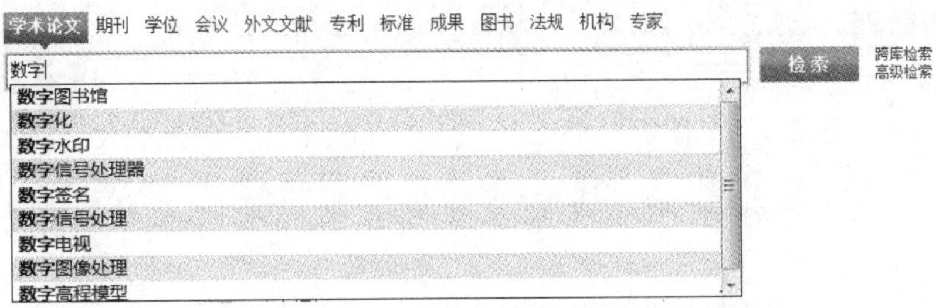

图 5-13　一框式检索

在检索结果页面提供了二次检索、学科聚类、论文类型聚类、发表时间聚类、来源刊聚类、检索词推荐等功能。

（1）页面最上方的一框式检索的检索框内显示本次检索的检索词。

（2）提供了二次检索功能（“在结果中检索”），可以通过标题、作者、关键词、发表时间等条件缩小检索范围。

（3）提供了检索结果的自动聚类，如学科聚类、论文类型聚类、发表时间聚类、来源刊聚类等。

（4）提供了“仅全文”的链接，筛选出有全文文献。

（5）提供了相关度优先、新论文优先和经典论文优先三种排序方式。相关度优先是指与检索词最相关的文献优先排在最前面；新论文优先指的是发表时间最近的文献优先排在前面；经典论文优先是指被引用次数比较多，或者文章发表在档次比较高的杂志上的、有价值的文献排在前面。

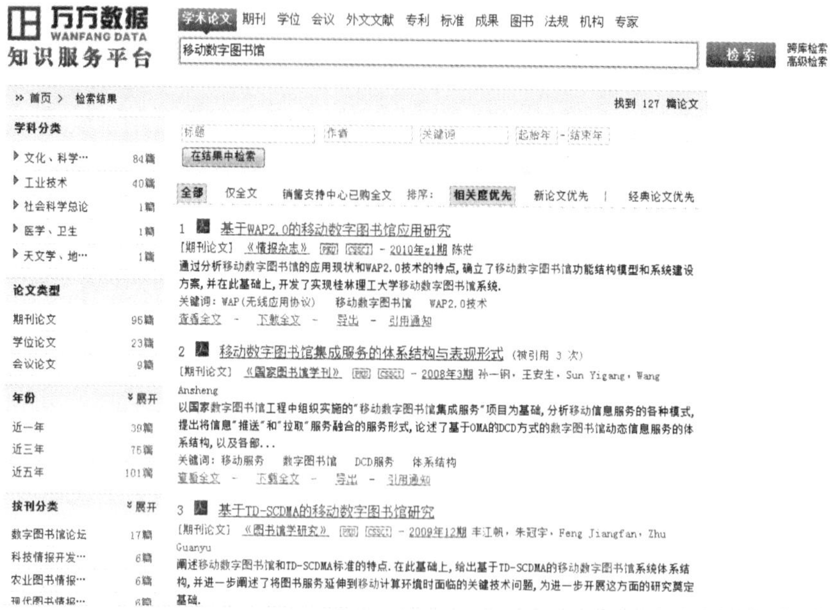

图 5-14　检索结果页面

4．选择文献（如图 5-15 所示）

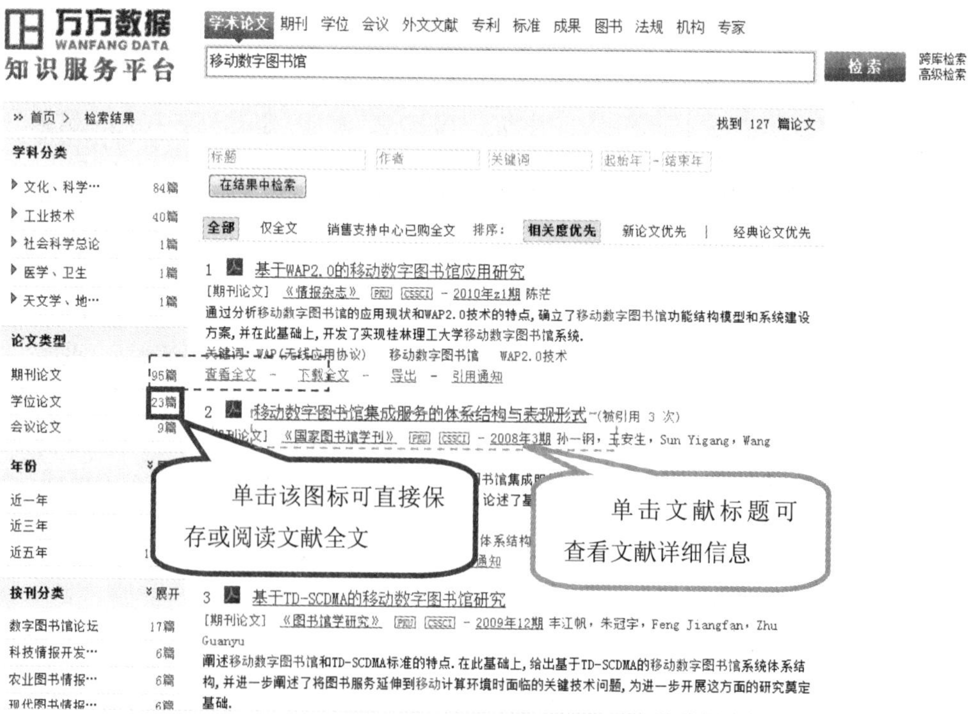

图 5-15　选择文献

5．检索结果页面（如图 5-16 所示）

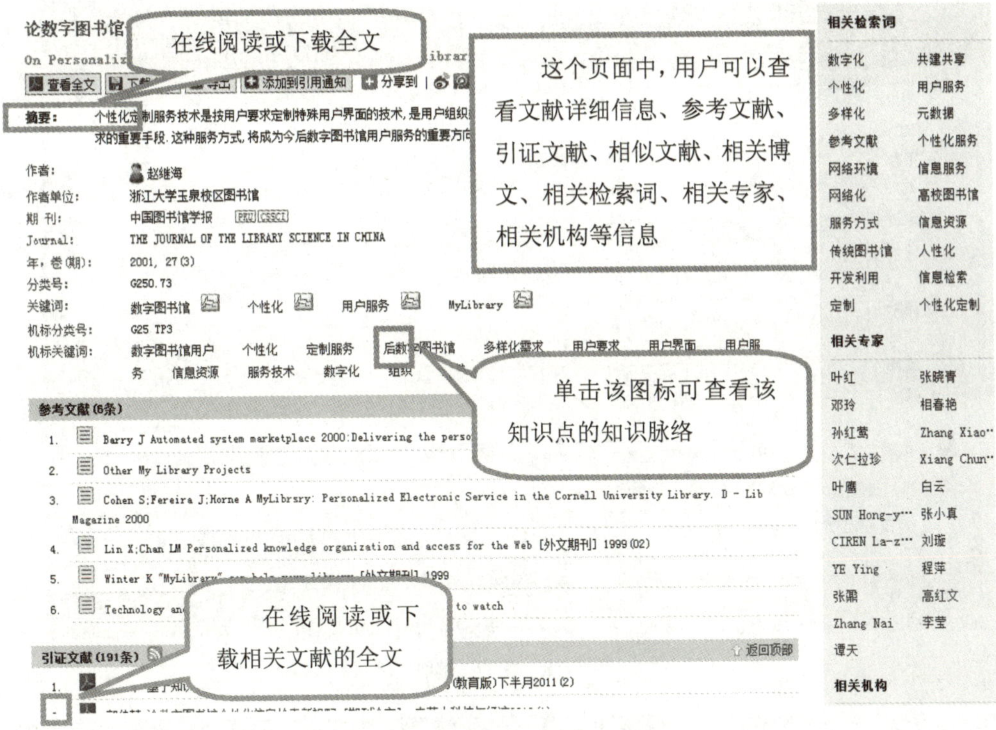

图 5-16　查看文章详细信息

6．下载保存文献（如图 5-17 所示）

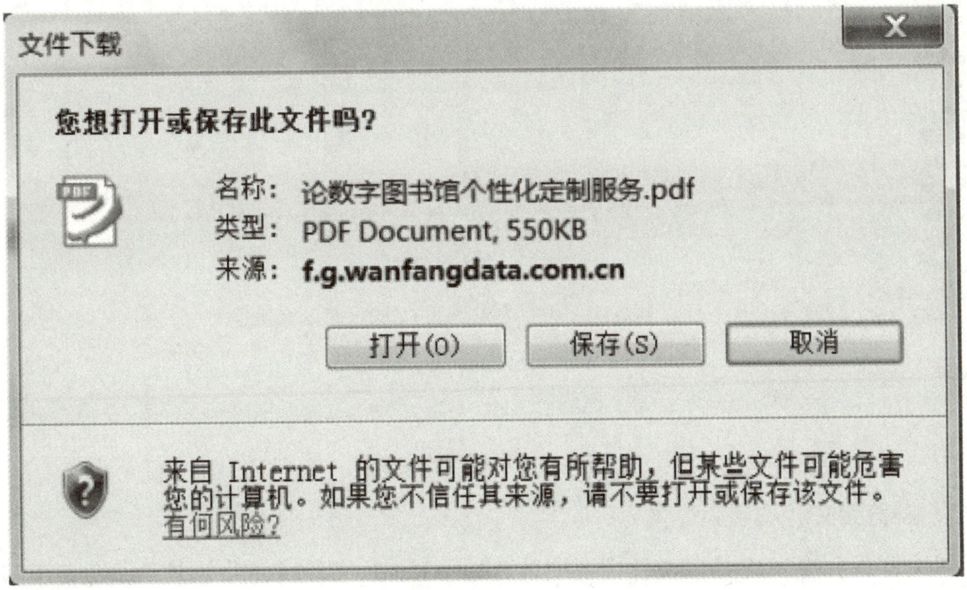

图 5-17　文献下载

下载的文件需要保存，则选择文件夹单击保存，如图 5-18 所示，保存好的文件如图

5-19 所示。

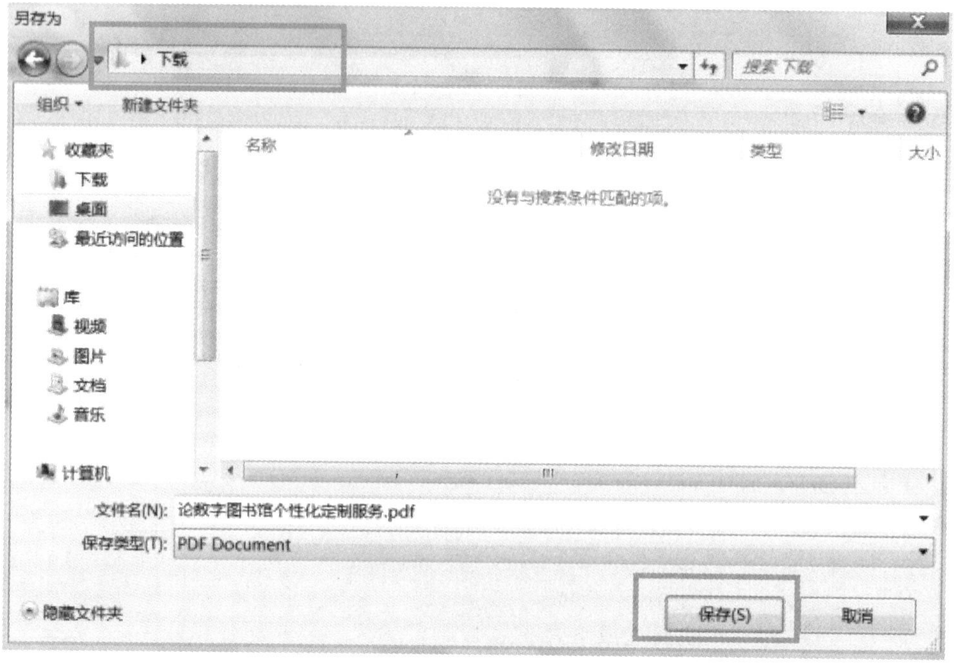

图 5-18 保存文献

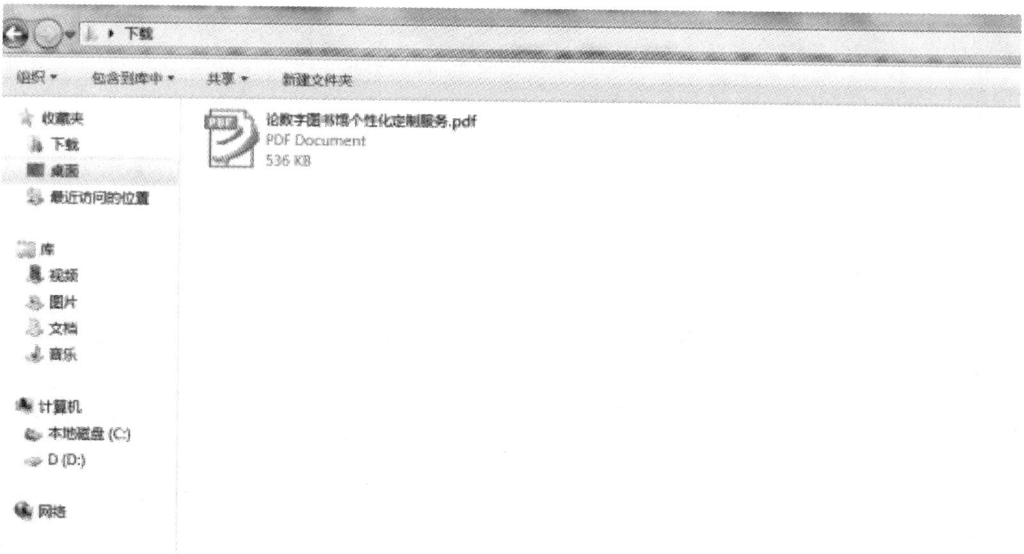

图 5-19 保存好的文献

7. 浏览全文

阅读下载后的 PDF 格式文件需要安装 Adobe Reader 阅读软件，该软件是免费下载安装的，双击保存的文件，即可打开查看全文，如图 5-20 所示。可到 Adobe 公司的网站下载，官方网站网址：http://www.adobe.com。

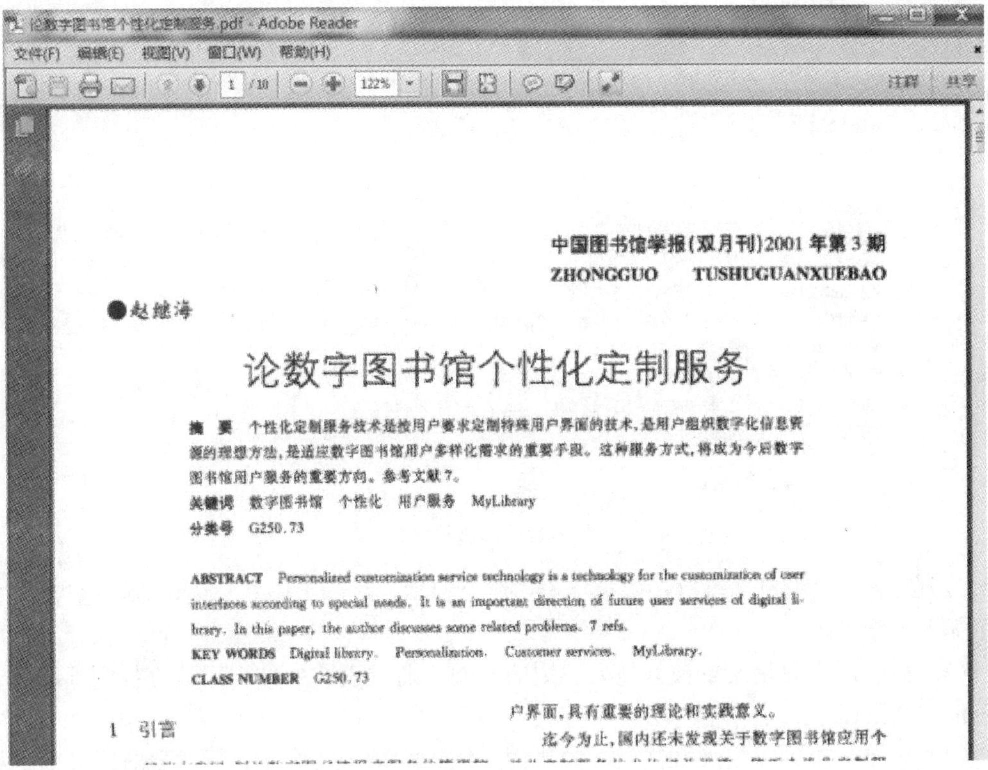

图 5-20 查看文献全文

（三）其他检索方法

知识服务平台提供了多种文献检索方式，以满足用户不同的检索需求，如图 5-21 所示。

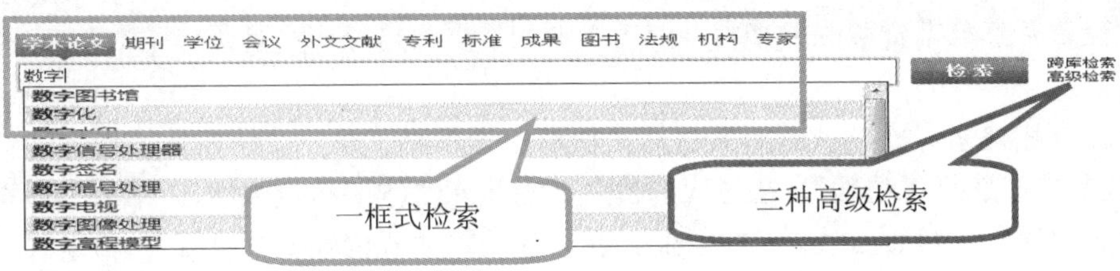

图 5-21 文献检索方式

1．高级检索

高级检索功能是在指定的范围内，通过增加检索条件满足用户更加复杂的要求，实现精准检索，如图 5-22 所示。

（1）标题中可同时输入多个检索词，并支持逻辑表达式，如“作者”、“关键词”、“摘要”及“标题”字段。

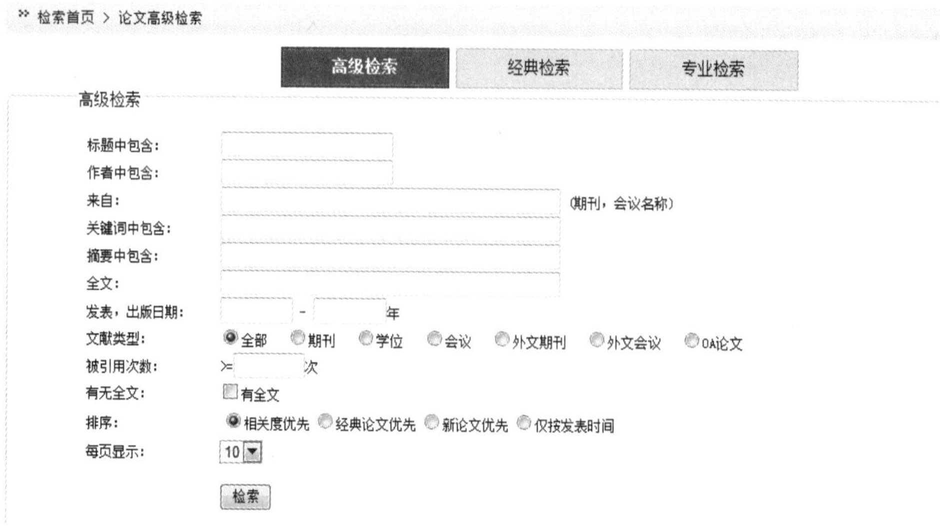

图 5-22　高级检索

（2）发表、出版日期可以在限定年份内进行检索，时间上限和下限可以省略掉一个，表示无上限或下限。

（3）被引用次数指文章被其他人引用的次数，通过设置的被引用数查找到领域内普遍关注的文章。

（4）排序，即可按相关度优先、经典论文优先、新论文优先、仅发表时间（前三种排序方式为多指标加权排序，而“仅按发表时间”只根据文献的发表时间先后进行排序，不考虑其他指标）。

示例　利用万方数据资源中的期刊全文数据库，检索“华中科技大学关于机械方面公开发表的所有论文”。

（1）登录万方数据资源服务平台，点击“期刊”后，再点击“高级检索”，进入高级检索界面。

（2）在高级检索界面，依据检索目标，填选检索策略：第一个检索途径选择“作者单位”，匹配方式选择“精确”，在对应的检索式内输入“华中科技大学”；第二个检索途径选择“关键词”，匹配方式选择“模糊”，在对应的检索式内输入“机械”；检索式之间选择逻辑“与”，如图 5-23 所示。

图 5-23　“期刊全文数据库”高级检索界面

（3）点击“检索”键，显示命中文献列表，命中 8 条论文信息，如图 5-24 所示。

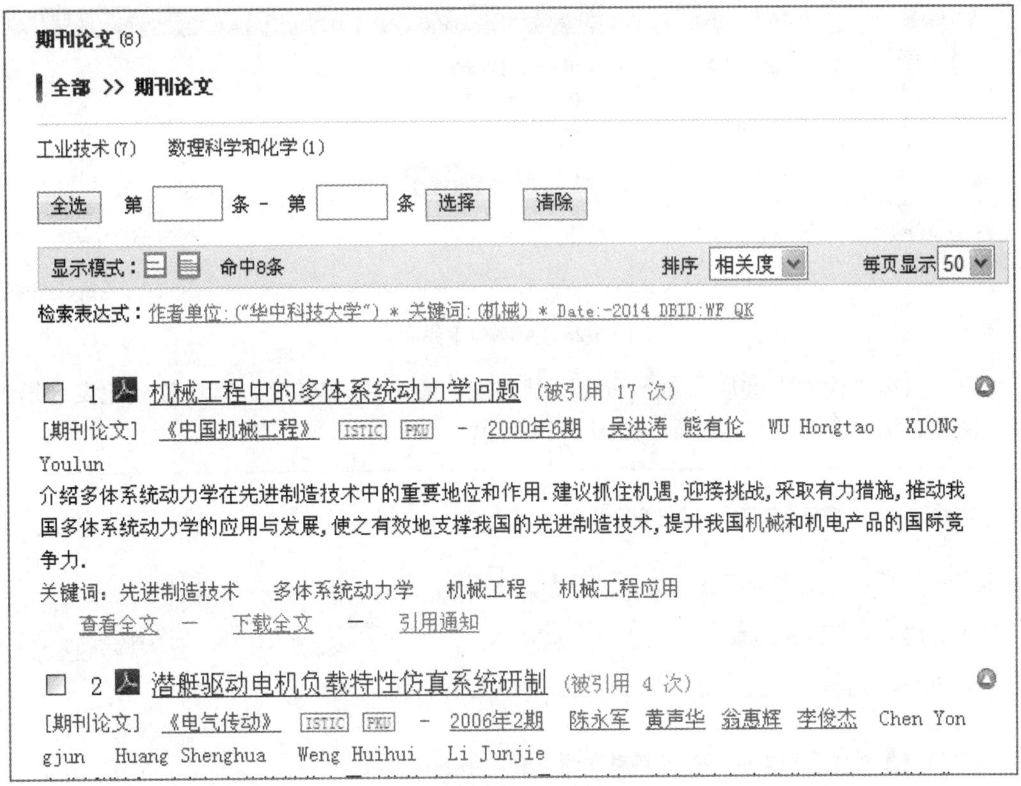

图 5-24　命中文献列表

（3）点击论文题名或点击“下载全文”，分别打开论文的文摘和全文。

2．跨库检索

万方数据资源系统为用户提供跨库检索功能。用户输入一个或多个检索式，依据检索目标，用户还可以选择两个或两个以上的数据库。点击“检索”键后，检索式可以在多个数据库中同时检索，并一次性输出检索结果。

示例　利用万方数据资源中的期刊全文数据库、学位论文数据库、会议论文数据库，检索“华中科技大学关于机械方面公开发表的所有论文”。

提示：在检索策略完全相同的情况下，请将两个检索示例的命中文献数量进行比较。

（1）登录万方数据资源服务平台，点击“期刊”后，再点击“高级检索”，进入高级检索界面。

（2）在高级检索界面，依据检索目标，填选检索策略：在数据库类型栏将期刊论文、学位论文、会议论文三个数据库打上钩；在第一个检索途径选择“作者单位”，匹配方式选择“精确”，在对应的检索式内输入“华中科技大学”；在第二个检索途径选择“关键词”，匹配方式选择“模糊”，在对应的检索式内输入“机械”；检索式之间选择逻辑“与”，如图 5-25 所示。

图 5-25 跨库检索界面

（3）点击“检索”键后，显示命中文献列表，命中 20 篇论文。其中期刊论文 8 篇，学位论文 0 篇，会议论文 12 篇，如图 5-26 所示。

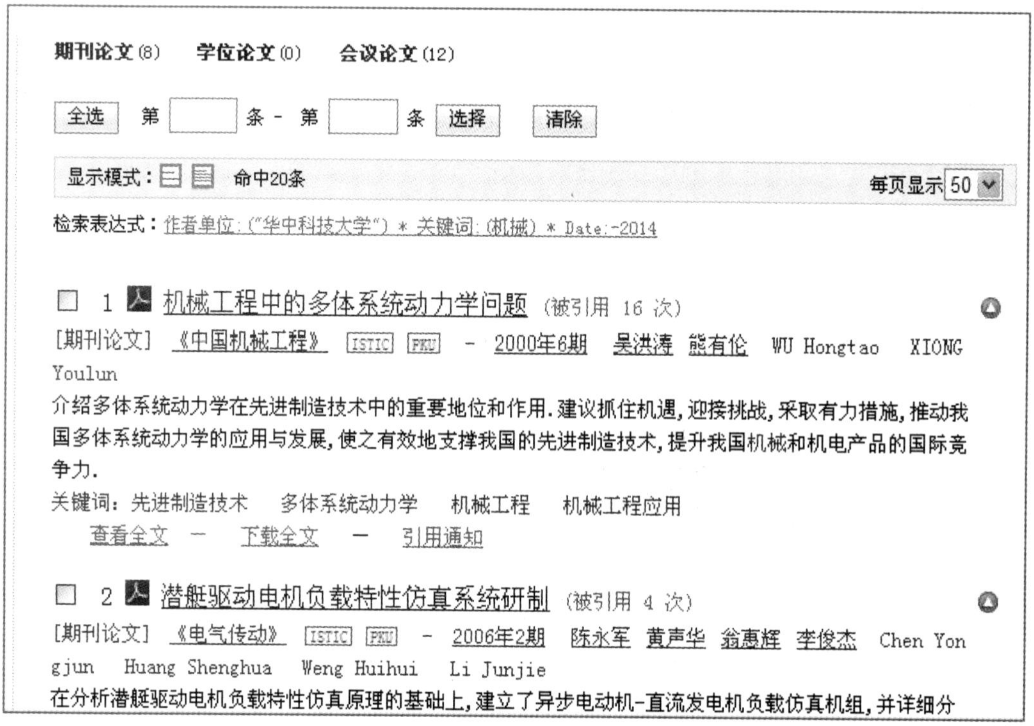

图 5-26 命中文献列表

（4）点击论文标题或点击“下载全文”，分别打开论文的文摘和全文。

3．经典检索

经典检索提供了 5 组检索条件，如图 5-27 所示，可对提供的检索字段（标题、作者、作者单位、中图分类、关键词）进行自由组合，这些检索条件是“与”的关系。

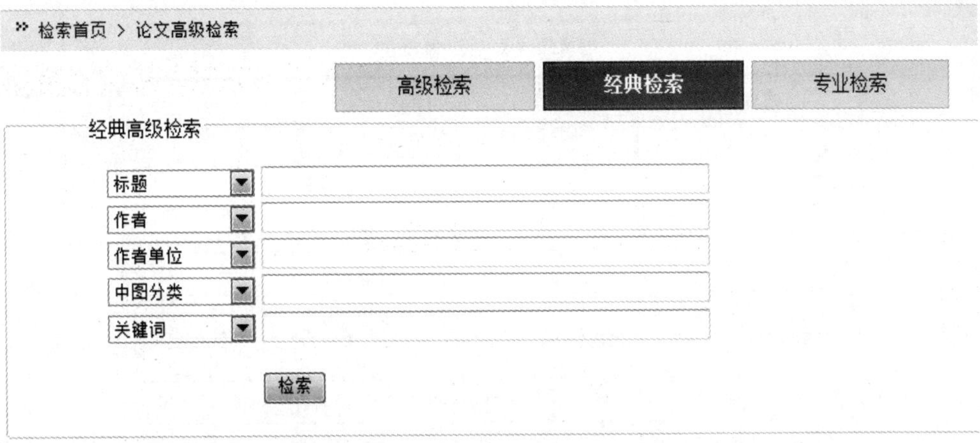

图 5-27　经典检索

4．专业检索

专业检索比高级检索的功能更强大，需要检索人员根据系统的检索语法编制（Common Query Language，CQL）检索式进行检索，适用于熟练掌握检索语言的专业检索人员，如图 5-28 所示。

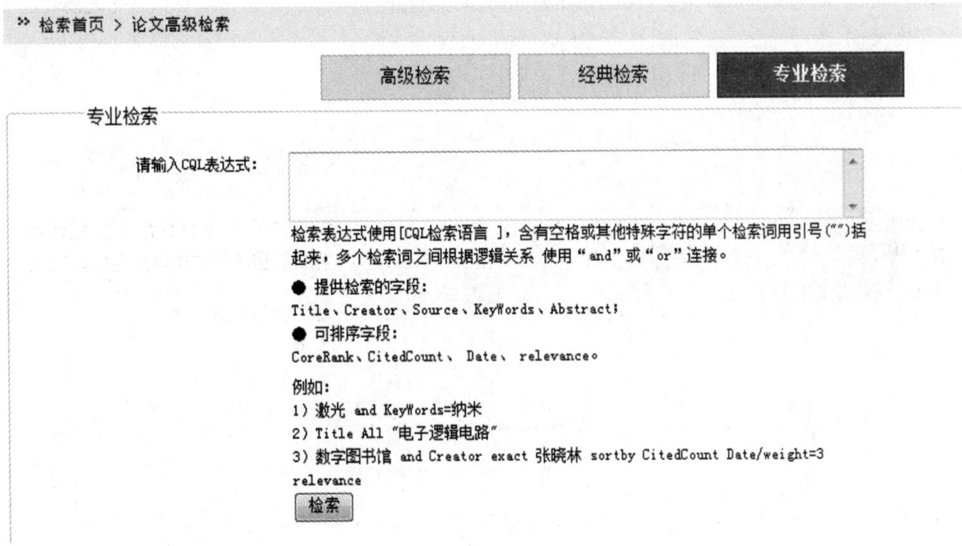

图 5-28　专业检索

（四）多维导航

1．文献类型导航

系统提供不同类型资源的多维度导航浏览体系，如表 5-1 所示。

表 5-1　多维导航类型

资源类型	导航方式
学术期刊	学科、地区、首字母
学位论文	学科专业、学校
会议论文	会议分类、主办单位
专利	国际专利分类
成果	行业、学科、地区
标准	标准分类
法规	效力级别、内容分类
新方志	地区、专辑
专题	内容分类

这里以期刊导航《情报学报》为例，步骤如下：

（1）进入期刊浏览页面，该页面提供了三种期刊浏览方式，可从学科分类导航—教科文艺—图书情报档案单击进入期刊列表页面，如图 5-29 所示。

①学科分类导航，即按期刊所属的学科分类导航；

②地区分类导航，即按期刊编辑部所在地区导航；

③首字母导航，即按期刊名称的拼音首字母导航。

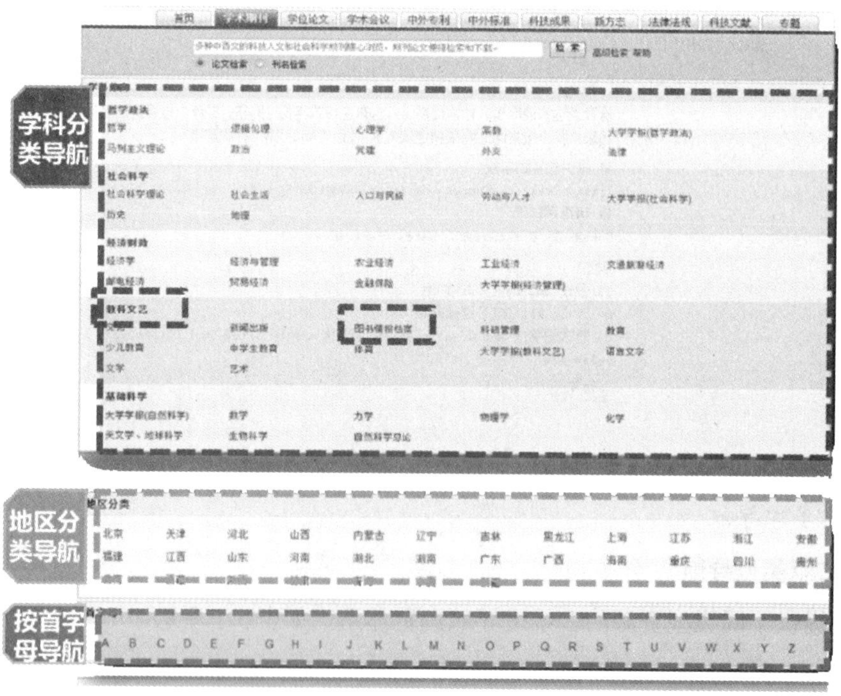

图 5-29　期刊导航

（2）单击“只显示核心刊”按钮进行排除限定，如图 5-30 所示。

图 5-30　期刊导航

（3）在期刊浏览页面中，可以进行如下操作，如图 5-31 所示。

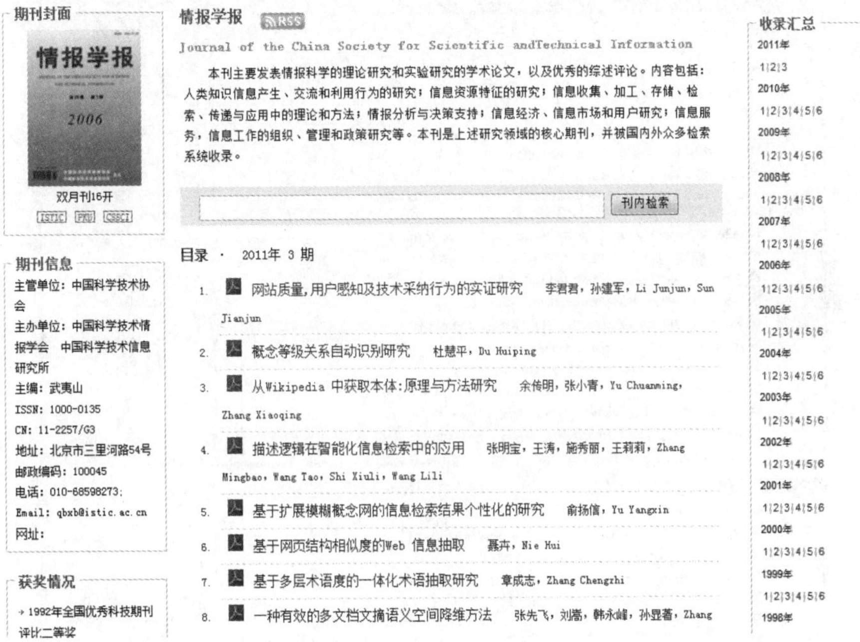

图 5-31　期刊首页页面

①刊内检索，即可在知识服务平台收录的该期刊全部内容范围内检索，快速定位目标文献；

②查看全文，即单击目录列表中的 ■ 图标即可查看全文；

③收录汇总，即可在收录汇总中直接单击查看该刊某年某期的目录内容；

④RSS 订阅，即用户可将关注的期刊进行 RSS 订阅，及时了解该刊最新内容；

⑤同类期刊，即提供同类期刊的链接，方便用户参考；

⑥期刊信息，即揭示期刊封面、期刊简介、期刊信息、主要栏目以及获奖情况等。

2．文献特征链接和相关文献链接

每一篇文献提供文献特征链接、相关文献链接：包括参考文献、引证文献、相似文献的链接以及相关博文链接，如图 5-32 所示；通过“引证文献”和“参考文献”可以清楚地掌握一篇文献的来龙去脉，展示文献相关研究的成果和发展趋势。另外，在右侧还提供了相关检索词、相关专家、相关机构的信息，对知识和知识网络进行多层次、多角度的揭示。

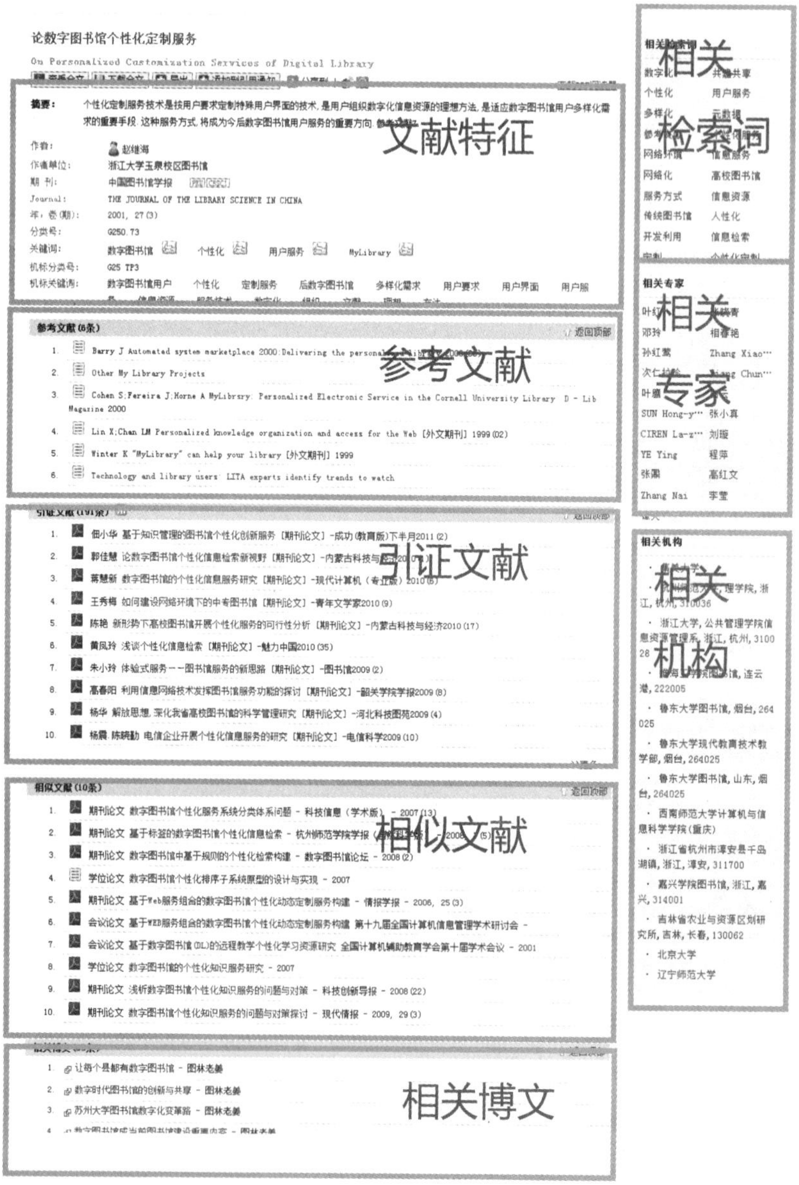

图 5-32　文献特征和相关文献链接

三、读秀学术搜索

（一）简介

超星公司开发的“读秀学术搜索”是一个跨库学术搜索平台，可将超星电子图书和本馆所有的数字资源置于同一平台检索，方便快捷。

（二）使用方法

1．登录

进入“武汉职业技术学院图书馆”首页，单击“读秀中文学术搜索”，如图 5-33 所示，进入“读秀中文学术搜索”首页，如图 5-34 所示。

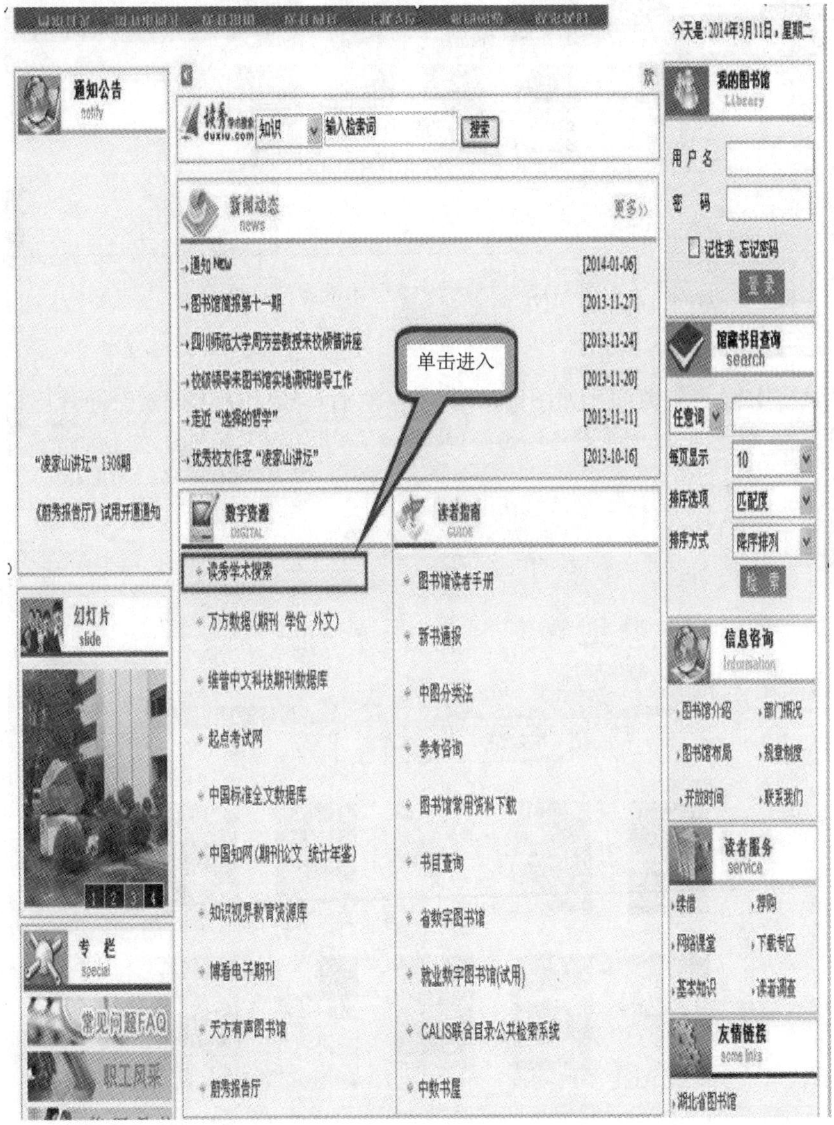

图 5-33　进入“读秀学术搜索”

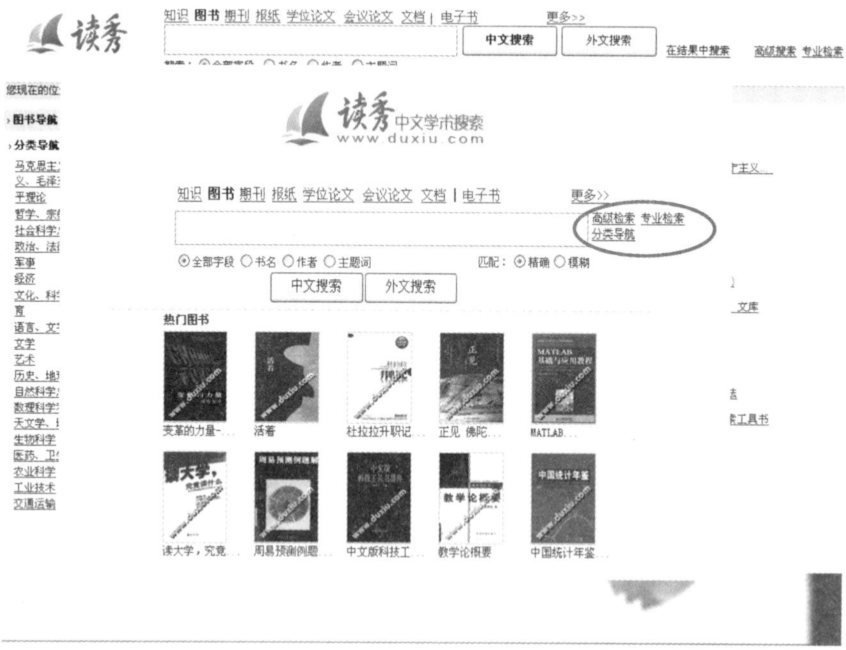

图 5-34 “读秀中文学术搜索”首页

2. 在关键词检索

在检索框中输入关键词，如图 5-35 所示，然后单击“中文搜索”即弹出检索结果页面，如图 5-36 所示。

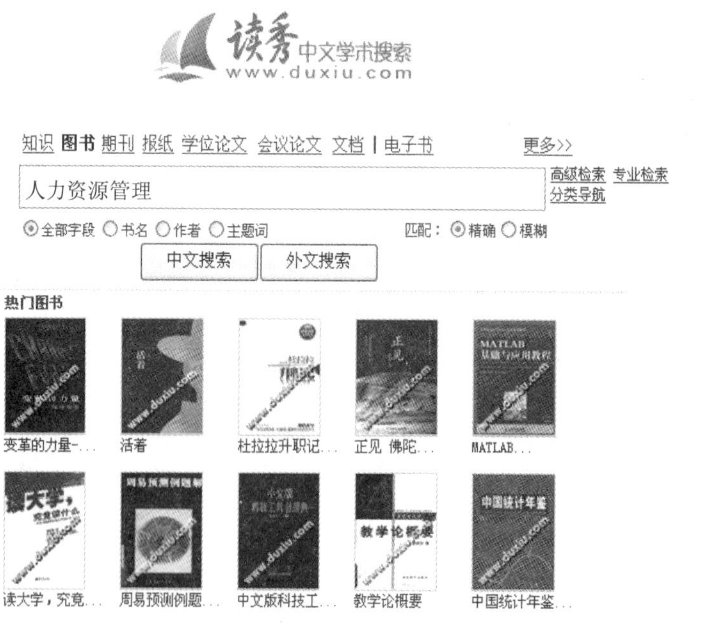

图 5-35 在检索框输入关键词

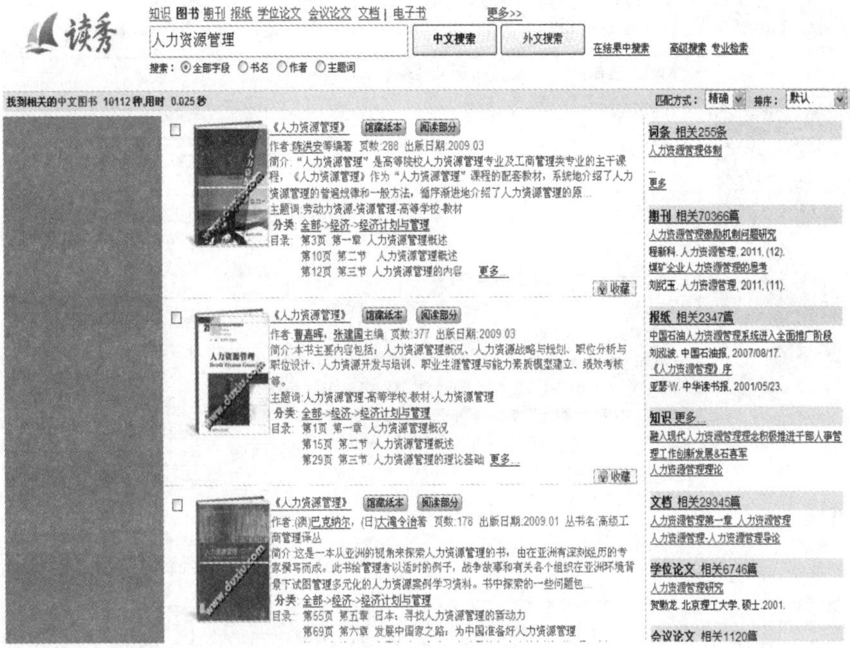

图 5-36 检索结果页面

3．阅读或下载

（1）在线阅读或下载电子书必须下载安装超星阅读器，可在超星公司网站首页免费下载。在线阅读及下载具体如图 5-37～图 5-39 所示。

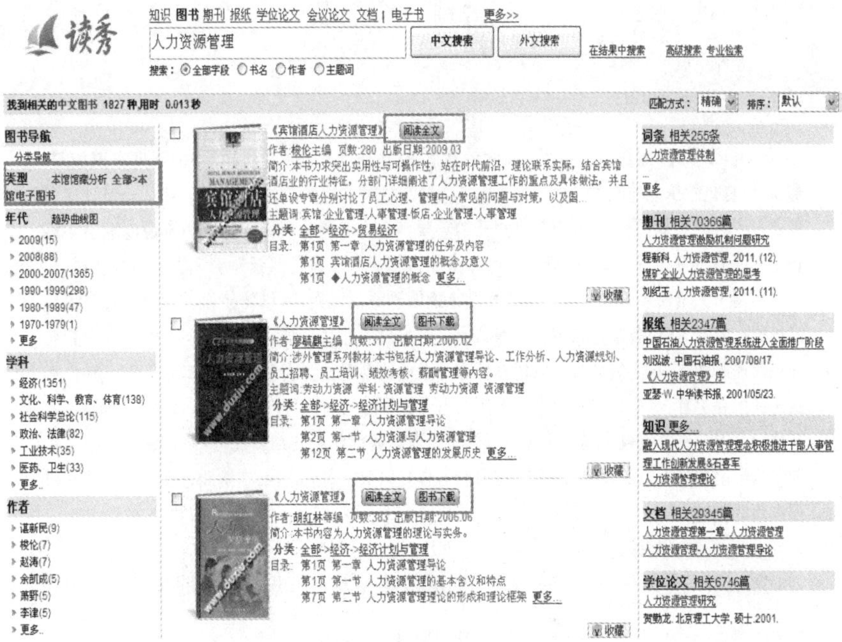

图 5-37 在线阅读与下载页面

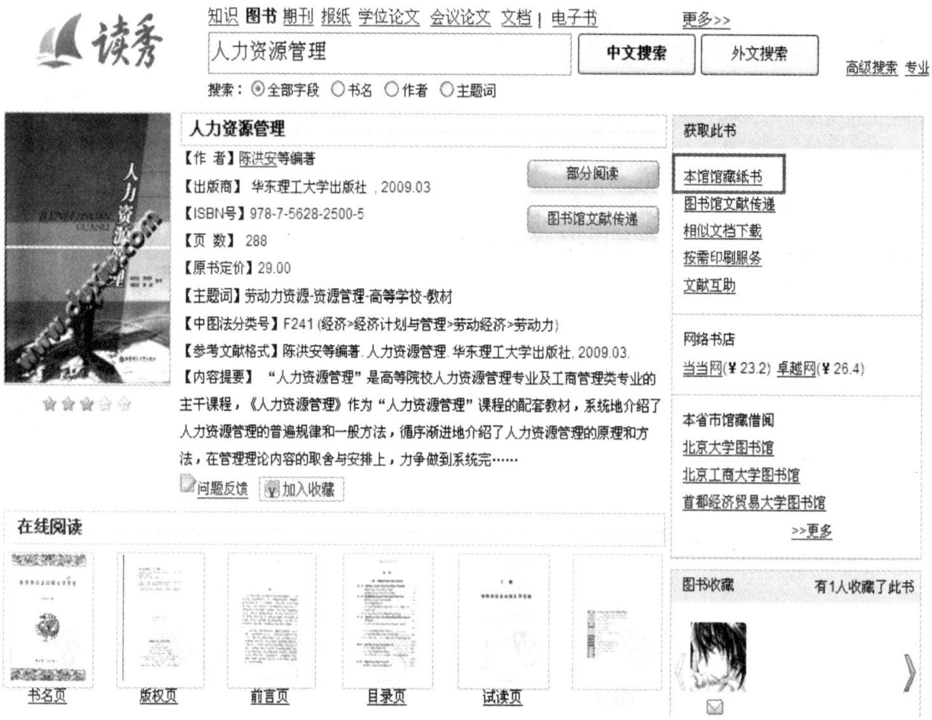

图 5-38　图书详细情况

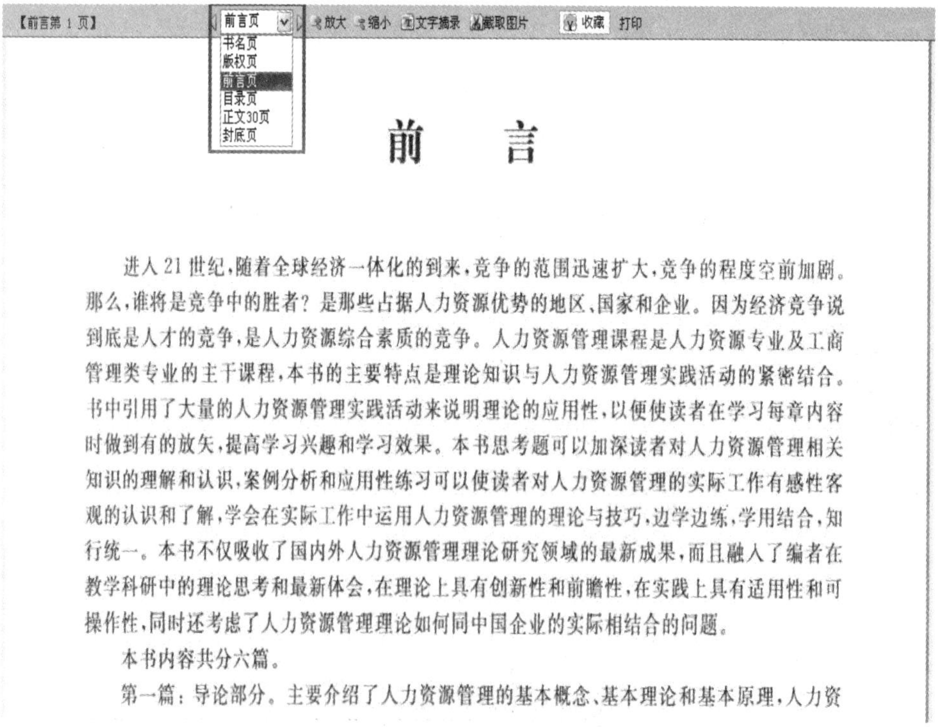

前　言

进入 21 世纪，随着全球经济一体化的到来，竞争的范围迅速扩大，竞争的程度空前加剧。那么，谁将是竞争中的胜者？是那些占据人力资源优势的地区、国家和企业。因为经济竞争说到底是人才的竞争，是人力资源综合素质的竞争。人力资源管理课程是人力资源专业及工商管理类专业的主干课程，本书的主要特点是理论知识与人力资源管理实践活动的紧密结合。书中引用了大量的人力资源管理实践活动来说明理论的应用性，以便使读者在学习每章内容时做到有的放矢，提高学习兴趣和学习效果。本书思考题可以加深读者对人力资源管理相关知识的理解和认识，案例分析和应用性练习可以使读者对人力资源管理的实际工作有感性客观的认识和了解，学会在实际工作中运用人力资源管理的理论与技巧，边学边练，学用结合，知行统一。本书不仅吸收了国内外人力资源管理理论研究领域的最新成果，而且融入了编者在教学科研中的理论思考和最新体会，在理论上具有创新性和前瞻性，在实践上具有适用性和可操作性，同时还考虑了人力资源管理理论如何同中国企业的实际相结合的问题。

本书内容共分六篇。

第一篇：导论部分。主要介绍了人力资源管理的基本概念、基本理论和基本原理，人力资

图 5-39　电子书页面

示例　利用读秀电子图书数据库，检索 2011~2014 年间有关“数字电路设计”方面的电子图书信息。

检索步骤：

（1）登录数据库检索界面。利用校园网，登录读秀中文学术搜索，选择“图书”数据库，点击“高级检索”。

（2）在高级检索界面内填选检索策略。书名选择“包含”，在对应的检索式内填写“数字电路设计”，年代选择“2011~2014”，如图 5-40 所示。

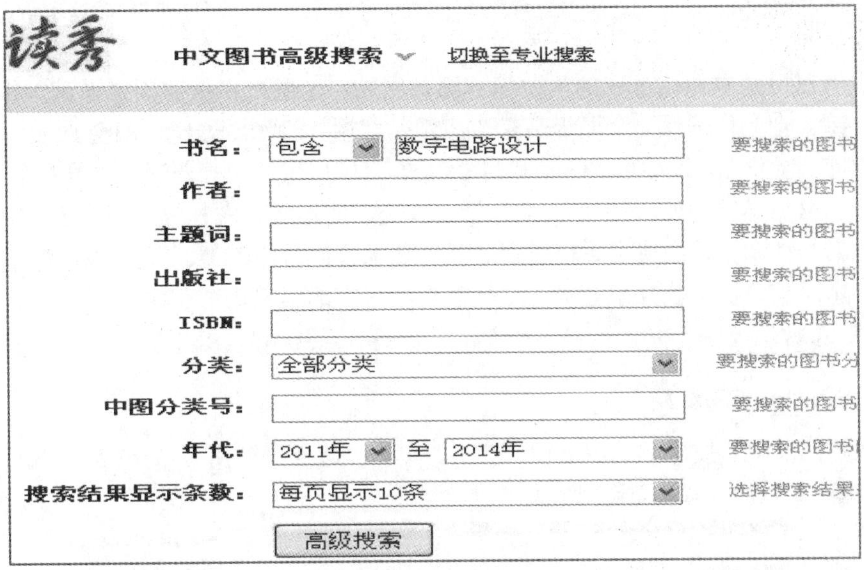

图 5-40　填选检索策略

（3）点击“高级搜索”，显示命中文献数量及列表，命中中文图书 9 种，如图 5-41 所示。

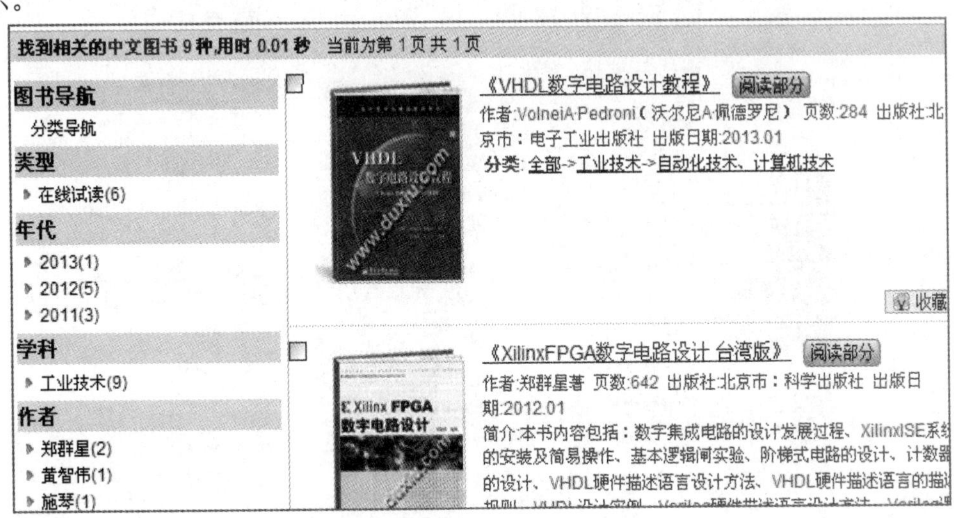

图 5-41　命中文献数量及列表

（4）选中图书并打开全文。

（三）通过“读秀”检索结果获取图书

（1）图书馆拥有的资源：馆藏纸书、本馆电子全文、图书下载。

（2）图书馆没有的资源：文献传递、其他图书馆馆藏、推荐图书馆购买、按需印刷、网络书店购买。

四、起点考试网——高职版

（一）简介

起点考试网是专业化考试的大型综合服务网站，考题严格按照国家考试大纲进行编写，学、练、评三位一体，全面提高学习成绩，即用、即知、即学、即会。

试卷库：提供 15 个大类、33 个科目 25 555 套模拟试卷和真题试卷，具有学习自测、答案解析、数据导出功能。15 个大类包括土建类、财经类、农林牧渔类、资源开发与测绘类、材料与能源类、制造类、轻纺食品类、艺术设计与传媒类、医药卫生类、旅游类、法律类、电子信息类、公共事业类、文化教育类、交通运输类。

（二）使用方法

1. 进入“起点考试网”

进入“武汉职业技术学院图书馆”首页，单击“起点考试网”，如图 5-42 所示，进入“起点考试网”页面，如图 5-43 所示。

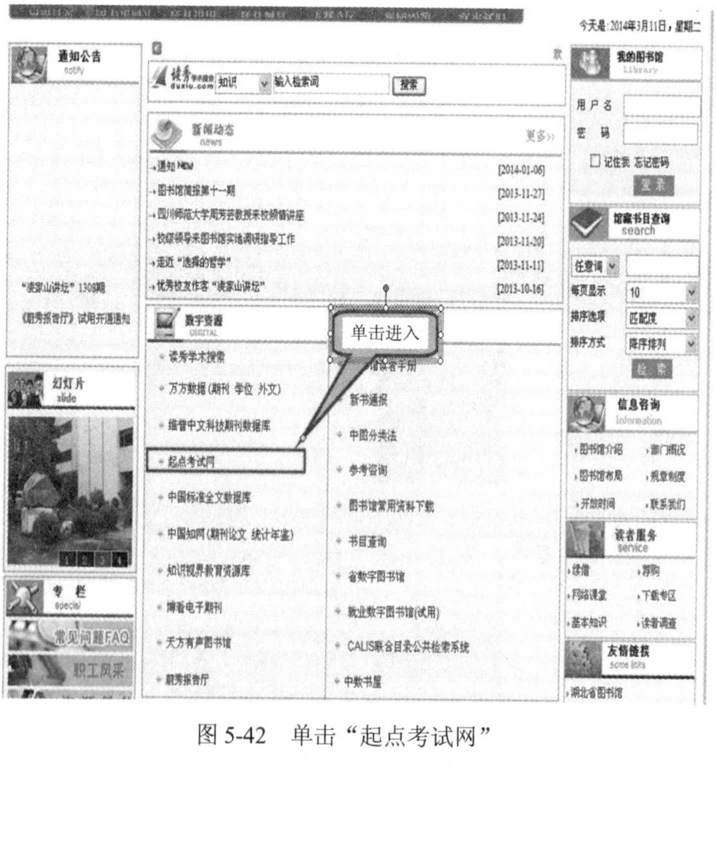

图 5-42 单击“起点考试网”

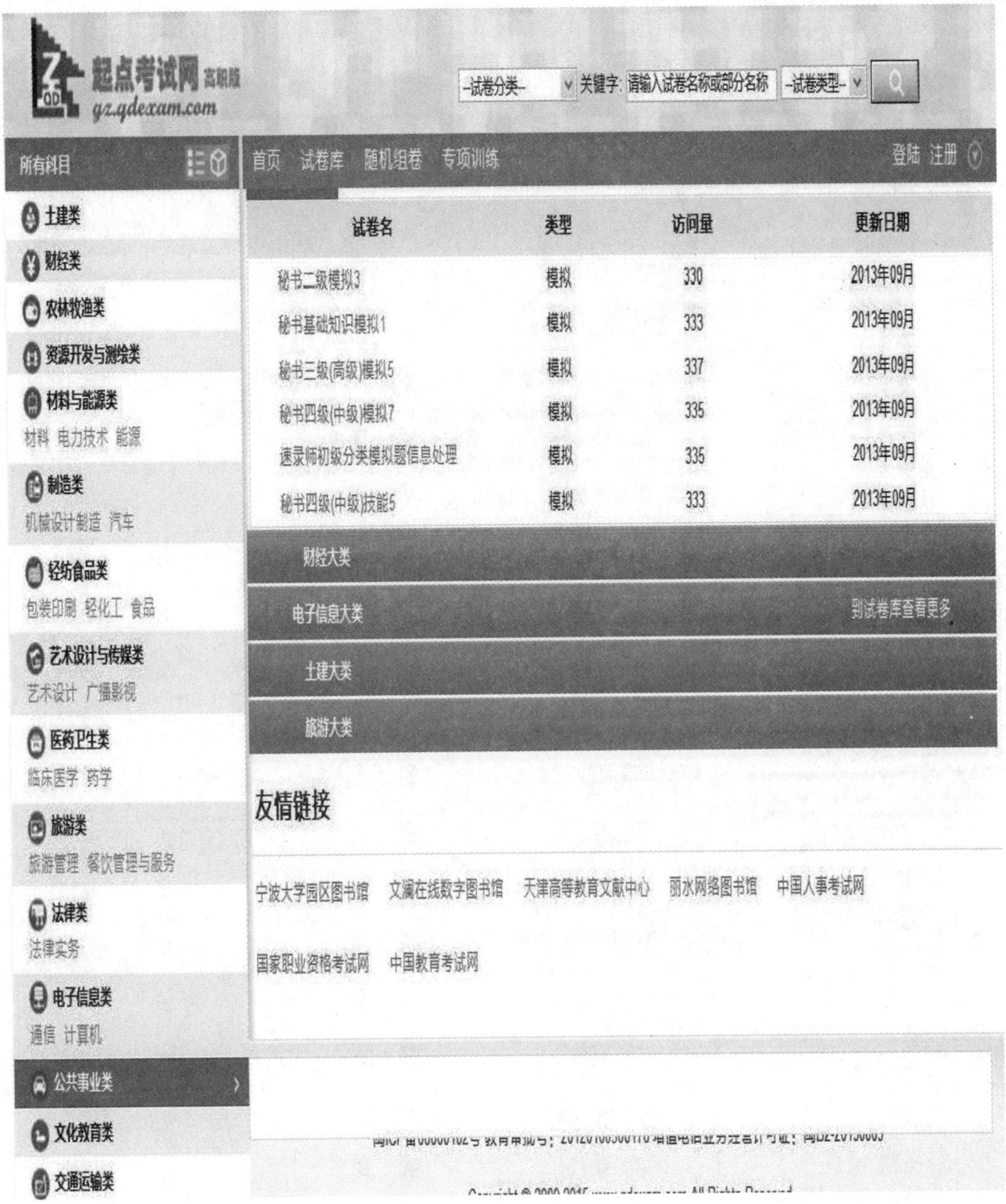

图 5-43 “起点考试网”页面

2．进入试卷库

（1）选择学科类别和试卷名，如图 5-44 所示，进入相应的试卷库，如图 5-45 所示。

图 5-44　选择学科类别与试卷名

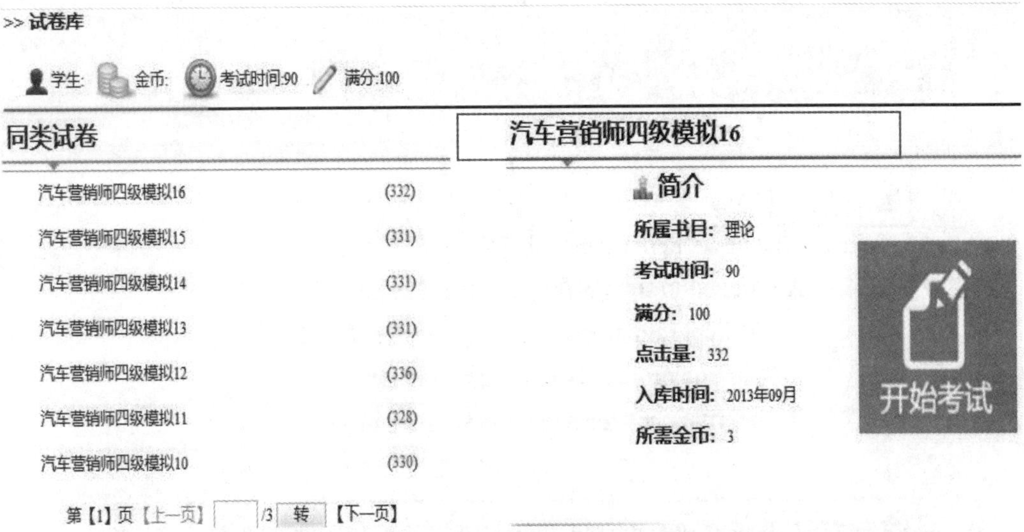

图 5-45 试卷页面

（2）计时答题，答题页面如图 5-46 所示，英语听力考试截图如图 5-47 所示。

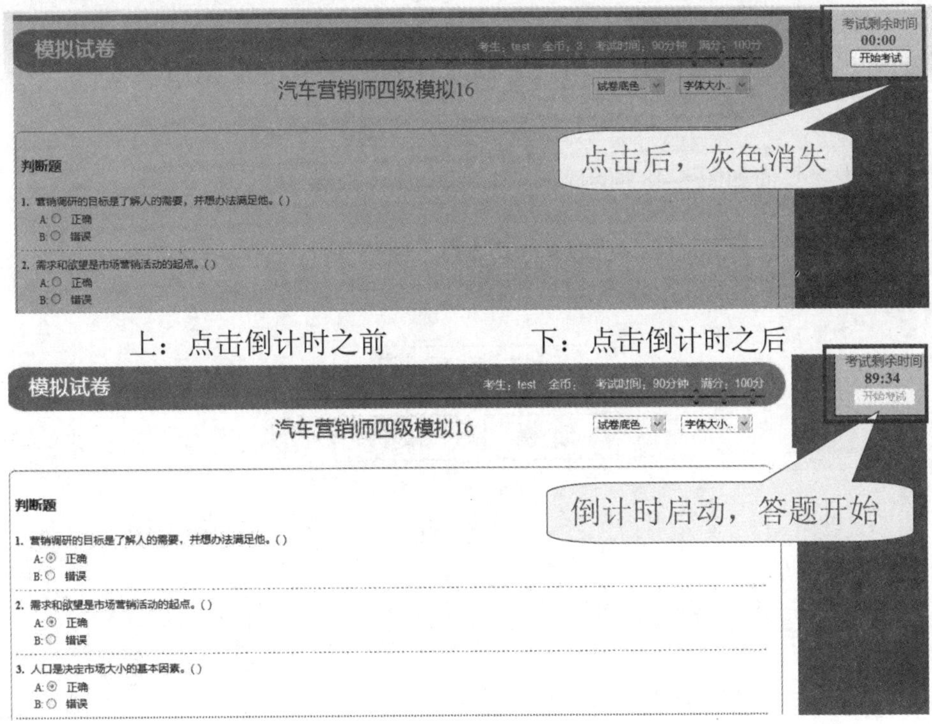

图 5-46 答题页面

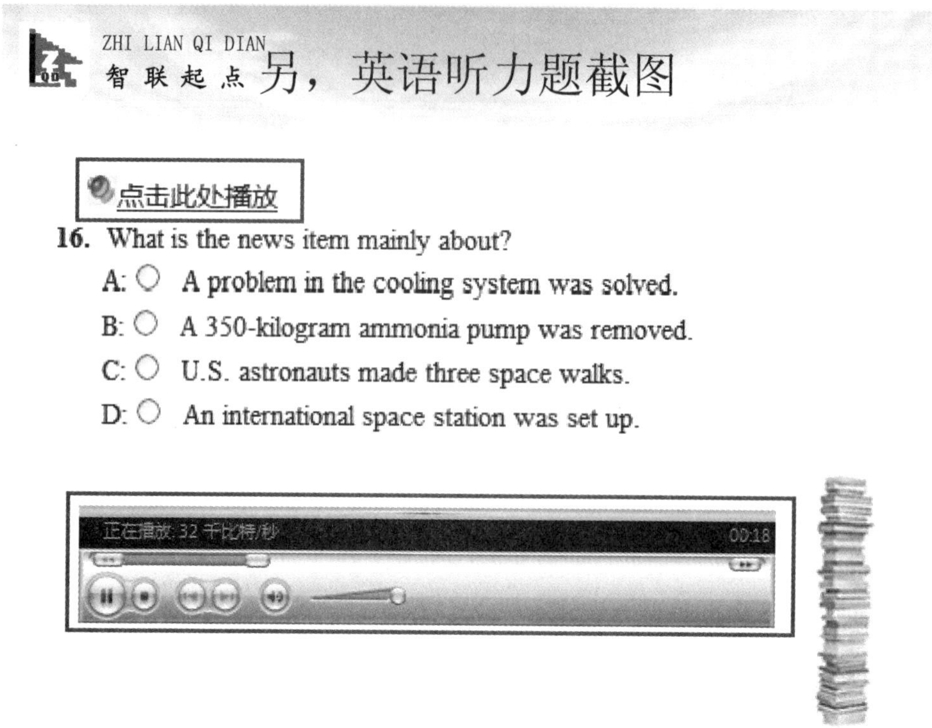

图 5-47　英语听力考试截图

（3）交卷，页面如图 5-48 所示。

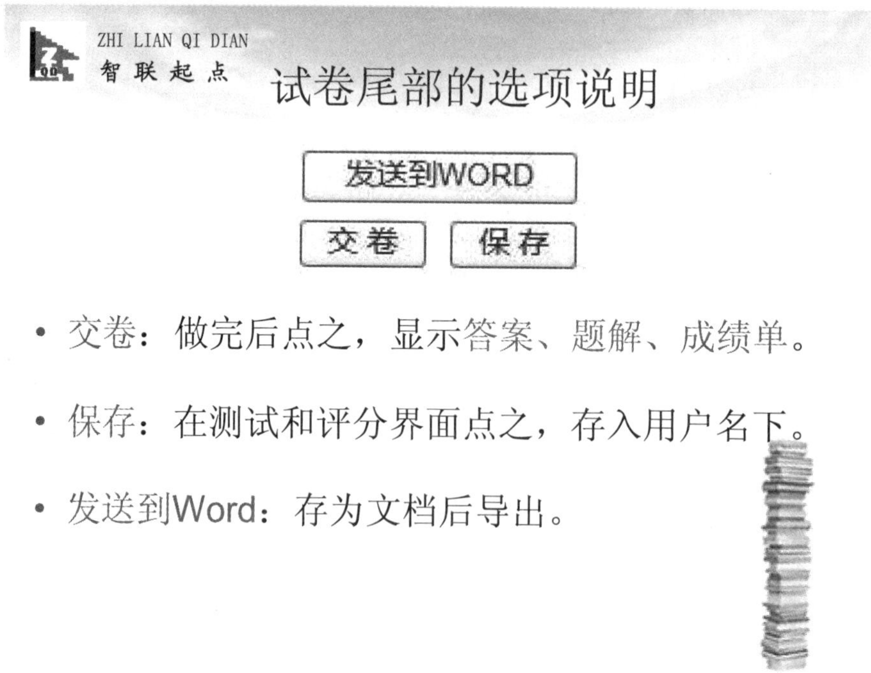

图 5-48　交卷页面

（4）核对答案，页面如图 5-49 所示。

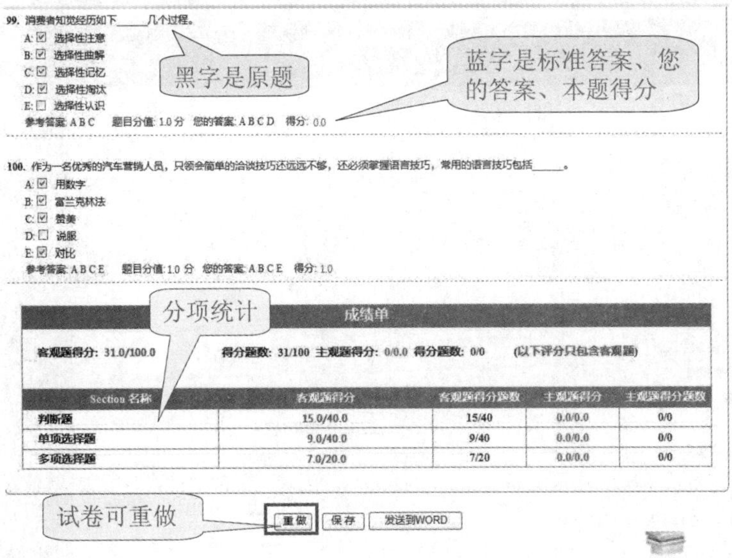

图 5-49 核对答案页码

3．随机组卷

以一定的题型结构随机抽题组成新卷，方便、灵活地生成适合自己需求的试卷，题型的总分值可以调整，答题时间也可以调整。共有 4 种组卷方式：①普通组卷，即随机抽查知识点掌握情况；②换题组卷，即更换已熟练掌握的知识点；③分类组卷，即针对重点题型、难点题型；④手工组卷，即创建全新试卷。

（1）单击“随机组卷”，按自己所需设置，如图 5-50 所示。

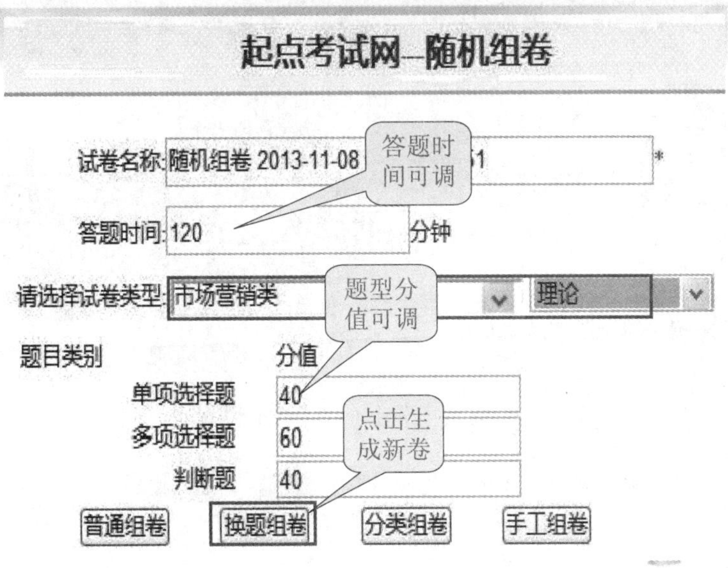

图 5-50 随机组卷

（2）答题，可以选择替换，如图 5-51 所示。

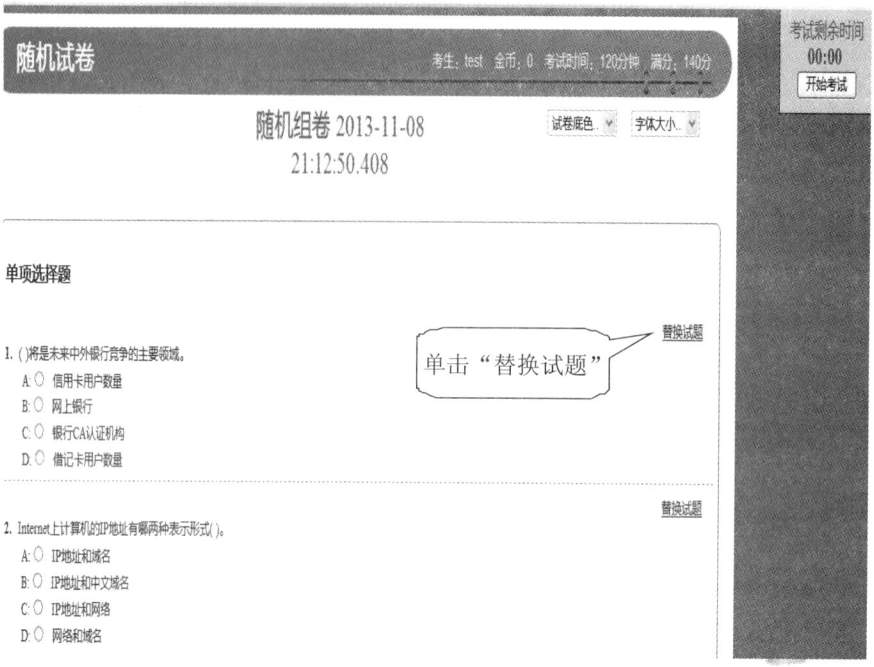

图 5-51　单击“替换试题”

（3）替换试题，如图 5-52 所示。

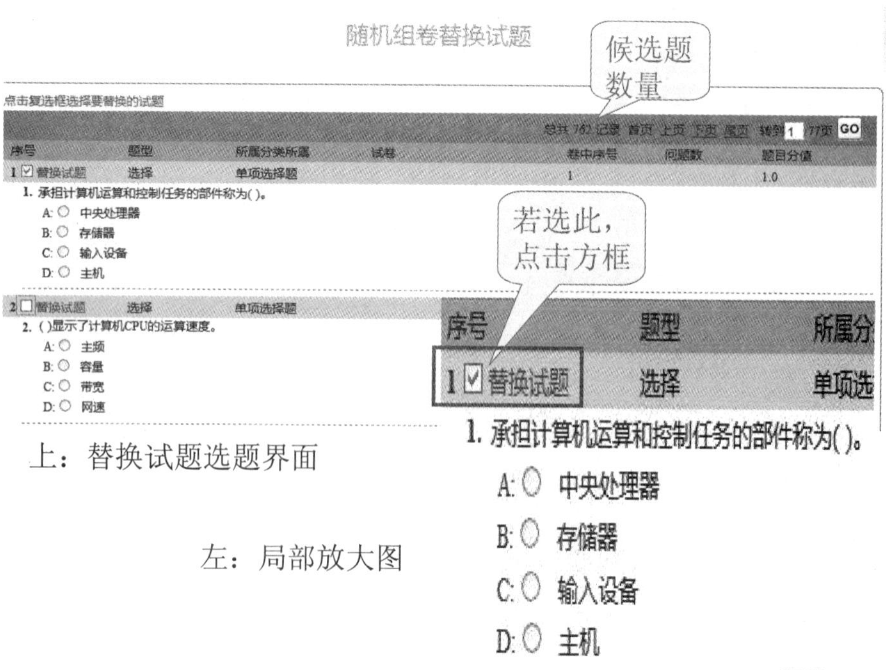

图 5-52　替换试题页面

4. 专项训练

对薄弱环节进行强化练习，有的放矢，攻坚克难，提高效率，如图 5-53、图 5-54 所示。

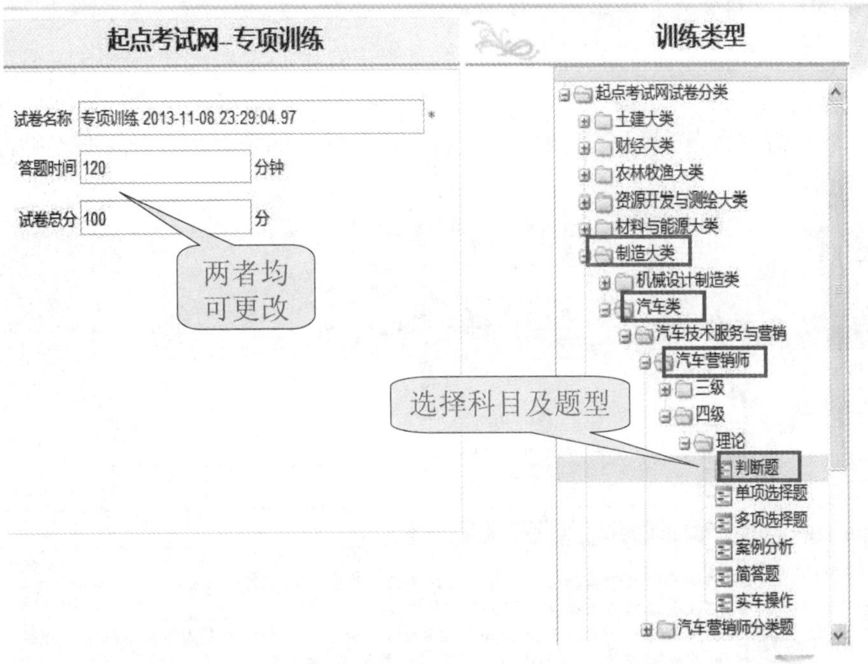

图 5-53　设置“专项训练”

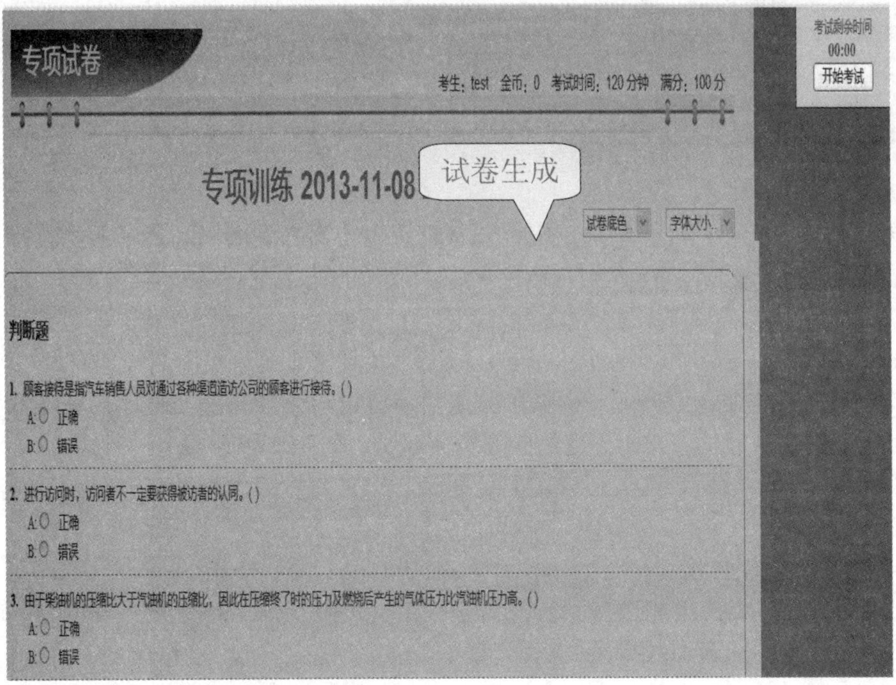

图 5-54　专项训练页面

五、维普期刊资源整合服务平台

（一）维普期刊资源整合服务平台简介

维普期刊资源整合服务平台由国家科委西南信息中心重庆维普资讯有限公司创办。该平台已经成为我国科技查新、教育教学研究、科学研究等必不可少的检索系统和资料来源。该平台的数字资源由 6 种数据库和 5 个服务平台的资源组成。该服务平台的主页如图 5-55 所示。

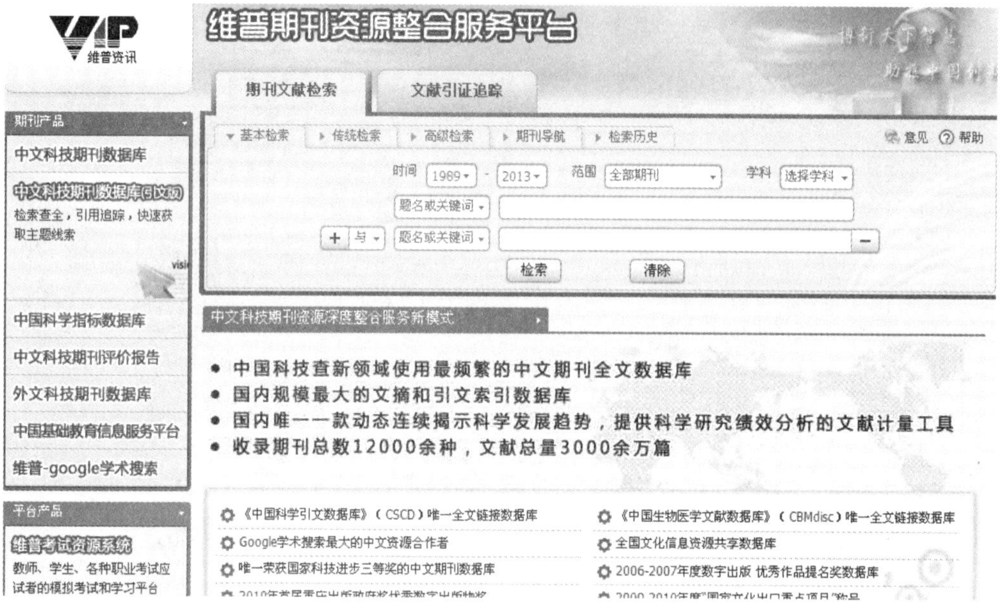

图 5-55　“维普期刊资源整合服务平台”主页

1．6 种数据库

（1）中文科技期刊数据库是重庆维普资讯有限公司开发的国内最早的综合性论文数据，收录了 1989 年以来出版的 12 000 余种中文期刊的论文信息。该数据库包含 7 个专辑、28 个专题，涉及自然科学和社会科学的所有学科领域，数据每周更新。该数据库被许多大学图书馆购买。

（2）中文科技期刊数据库（引文版）是目前国内检索期刊种类最多的引文数据库，主要用来进行文献评价、文献计量、定量分析研究。

（3）中国科学指标数据库是事实型数据库。用来衡量国内科学研究绩效、跟踪国内科学发展趋势。

（4）外文科技期刊数据库收录原版外文期刊的论文文摘信息。

（5）中国科技经济新闻数据库包含了各行各业的新产品、新技术、新动态和新法规，是科技查新时重要的查询数据库之一。

（6）中国科技期刊评价报告用来综合评价、定量分析中文期刊的质量和影响力。

2．5 个服务平台

（1）图书馆学科服务平台是整合图书馆资源和提供学科服务的多功能应用平台。

（2）文献共享服务平台为区域信息服务提供整合资源和个性化服务手段的信息门户。

（3）维普考试资源系统是教师、学生、各种职业考试应试者的模拟考试和学习平台。

（4）中国基础教育信息服务平台为基础教育和中小学生提供资源服务。

（5）维普-Google 学术搜索是针对维普文献提供基于 Google 学术检索的个性化服务平台。

（二）维普阅读器、PDF 阅读器

为了浏览、打印维普服务平台上的文献信息，用户端需要下载并安装 PDF 阅读器。下载 PDF 阅读器的过程如下：

（1）登录“维普期刊资源整合服务平台”主页，在其下方单击“PDF 阅读器-免费下载”，如图 5-56 所示。

图 5-56　“下载 PDF 阅读器”界面

（2）显示下面的界面后，单击其中的“单击下载”，如图 5-57 所示。

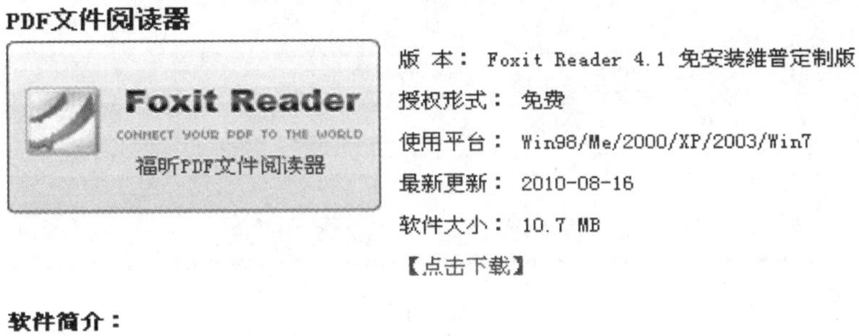

图 5-57　文件下载窗口

（3）选择文件存储路径后，进行存盘，出现如图 5-58 所示的图标。

图 5-58　“PDF 阅读器”图标

（4）双击该图标，即可安装运行该软件。PDF 阅读器安装完成后，就可以阅读、打印全文信息。

（三）中文科技期刊数据库的使用规则

（1）在同一检索框中，多个检索词之间用空格或“*”代表逻辑“与”，用“+”代表逻辑“或”。

（2）在同一检索框中，不要用“–”号代表逻辑“非”。

（3）检索式中本身带有“*”、“+”、“–”、“()”、“《》”等字符，必须将这些字符用双引号“”将它括起来。否则，系统会将这些字符当成逻辑算符进行检索。

（四）中文科技期刊数据库的使用方法

1. 基本检索

基本检索具有两个检索框输入检索式，限制条件较少，适用于初级检索者使用，或者在对检索结果的全面性、精确性要求不高的情况下使用。如果命中文献数量较多，可以进行“二次检索”，即“在结果中搜索”。

示例 查找 2010～2013 年有关“纺织配棉技术”方面的论文信息。

检索步骤：

（1）登录“维普期刊资源整合服务平台”，在“期刊文献检索”中选择基本检索。

（2）在“基本检索”界面，填选检索策略：时间选择“2012-2013”、检索入口选择“关键词”途径、检索式分别输入“纺织”和“配棉”，如图 5-59 所示。

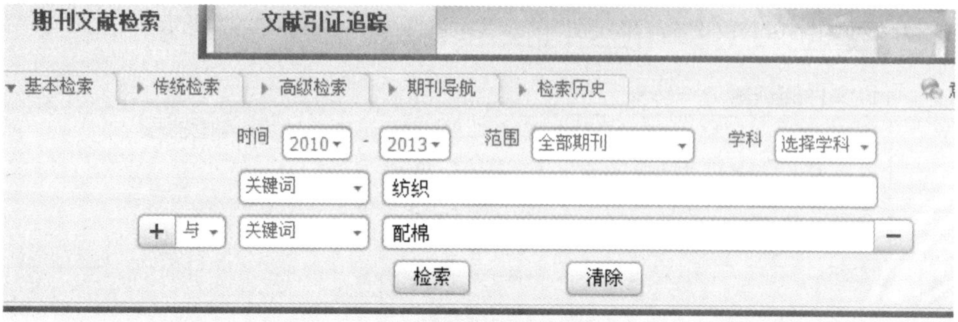

图 5-59 “基本检索”界面

（3）单击“检索”键后，显示命中文献列表，命中 10 篇，如图 5-60 所示。

（4）在命中文献列表中，选取需要的论文。

（5）单击选取文献的题名，即可查看该论文的文摘信息。单击“下载全文”，就可以将该论文的全文下载到自己的计算机中。使用 PDF 阅读器进行阅读和打印全文，节选部分全文信息的内容，如图 5-61 所示。

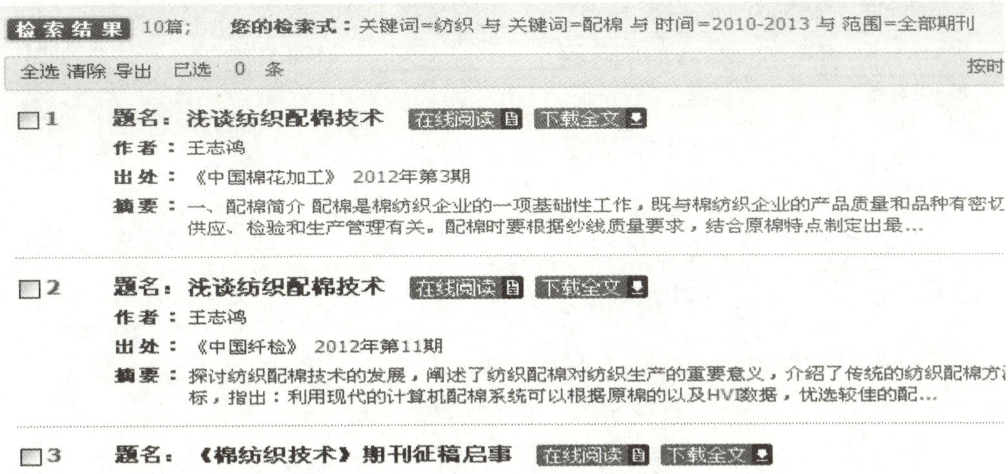
检索结果 10篇； 您的检索式：关键词=纺织 与 关键词=配棉 与 时间=2010-2013 与 范围=全部期刊

全选 清除 导出 已选 0 条 按时

□1 题名：浅谈纺织配棉技术 在线阅读 下载全文
作者：王志鸿
出处：《中国棉花加工》 2012年第3期
摘要：一、配棉简介 配棉是棉纺织企业的一项基础性工作，既与棉纺织企业的产品质量和品种有密切
供应、检验和生产管理有关。配棉时要根据纱线质量要求，结合原棉特点制定出最…

□2 题名：浅谈纺织配棉技术 在线阅读 下载全文
作者：王志鸿
出处：《中国纤检》 2012年第11期
摘要：探讨纺织配棉技术的发展，阐述了纺织配棉对纺织生产的重要意义，介绍了传统的纺织配棉方
标，指出：利用现代的计算机配棉系统可以根据原棉的以及HVI数据，优选较佳的配…

□3 题名：《棉纺织技术》期刊征稿启事 在线阅读 下载全文

图 5-60 命中文献列表

浅谈纺织配棉技术

On Textile with Cotton Blending Technology

文/王志鸿

摘要：

探讨纺织配棉技术的发展，阐述了纺织配棉对纺织生产的重要意义，介绍了传统的纺织配棉方法以及HVI的相关指标，指出：利用现代的计算机配棉系统可以根据原棉的HVI数据，优选较佳的配棉方案，提高劳动效率，降低生产成本。认为：计算机配棉是配棉技术发展的必然趋势。

关键词：纺织；配棉；上半部长度；整齐度指数；断裂比强度；马克隆值

1 配棉概述

配棉是棉纺企业的一项基础工作，既与棉纺生产、

队法是我国在长期生产实践中总结出来

方法。其优点是有计划地预先安排好了

图 5-61 论文全文信息节选

2. 传统检索

传统检索适用于对检索结果要求较高的检索需求。与基本检索相比较，传统检索提供了较多的检索功能，如“同义词”、“同名作者”、“最近更新”、“二次检索”等。

（1）同义词的作用是提高查全率，只能在题名、关键词、题名或关键词三个检索入口中使用该功能。使用方法：在“同义词”框内打钩，检索入口选择“关键词”，单击“检索”键后，系统会出现“同义词选择”窗口。例如，“同义词”框内打钩，检索入口选择“关键词”，检索式输入“建筑设计”，单击“检索”键后，出现同义词选择窗口，如图 5-62 所示。用户根据检索目标，需要几个同义词，就在相应的框中打钩即可，打钩后单击“确定”键，同义词就选定了。在单击“检索”时，系统会使用“建筑设计”和选中的同义词“建筑结构设计”分别到数据库中进行匹配。注意这些词之间的关系是逻辑“或”，不是逻辑“与”，这样就提高了查全率。

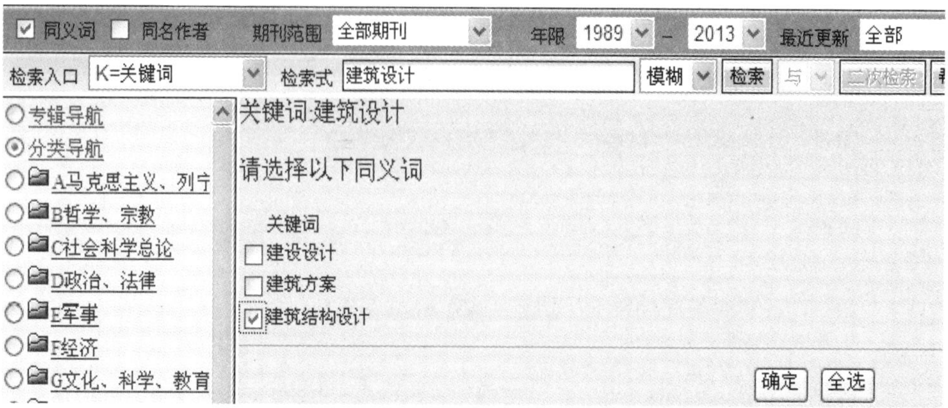

图 5-62　“同义词选择”窗口

（2）同名作者的作用是区别姓名相同的作者，只能在检索入口为作者、第一作者的情况下使用，如图 5-63 所示。图中显示姓名为“马雯娟”的作者单位有两个，用户根据检索需求选取“西北大学信息科学与技术学院”，单击“确定”键，即可检中该作者的论文信息。

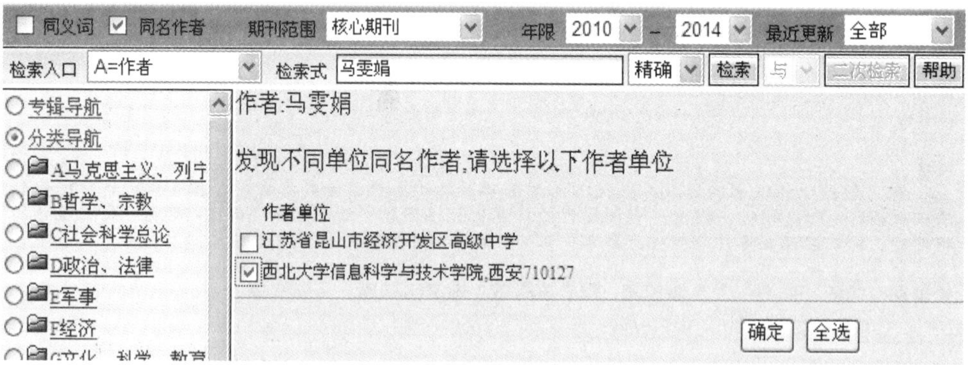

图 5-63　“同名作者显示”窗口

（3）如果选择“最近更新”，会出现“一个月内”、“三个月内”、“半年内”等选择项，用来控制命中文献的时间范围。

（4）二次检索作用同基本检索中的“在结果中搜索”相同。

示例　查找 2010～2014 年有关“光电子技术”方面的核心论文信息。

（1）登录“维普期刊资源整合服务平台”，在“期刊文献检索”中选择传统检索。

（2）在“传统检索”界面，填选检索策略：时间选择“2010-2014”、期刊范围选择“核心期刊”、检索入口选择“关键词”途径、检索式输入“电子技术”，如图 5-64 所示。

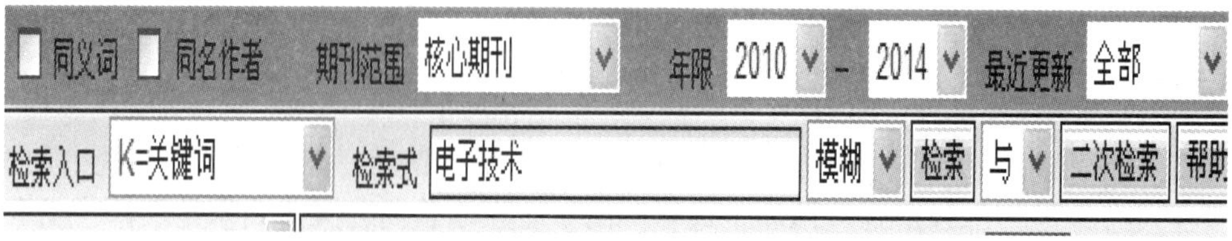

图 5-64　“传统检索”界面

（3）单击“检索”键后，显示命中文献列表，命中 421 篇，如图 5-65 所示。

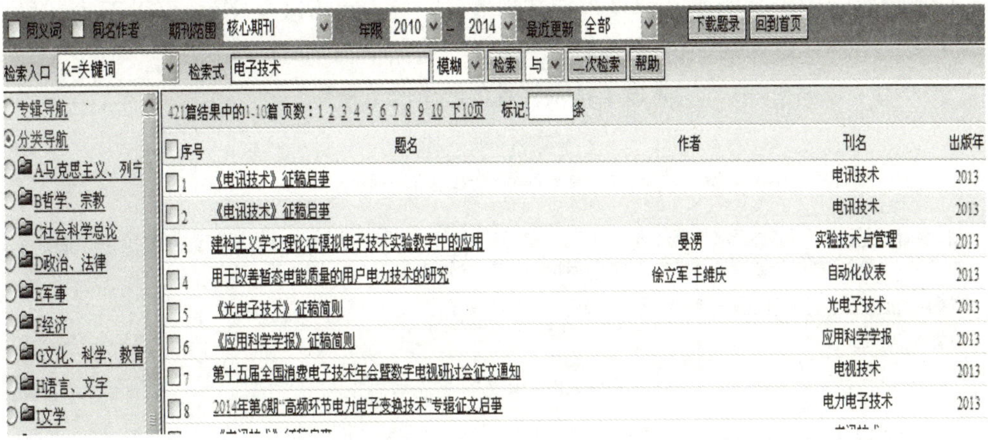

图 5-65 命中文献列表

（4）由于命中文献数量过多，需要进行二次检索。在图 5-59 命中文献信息的检索界面，重新输入专指性较强的关键词“光电子技术”，其他检索策略不变，再进行一次检索，如图 5-66 所示。

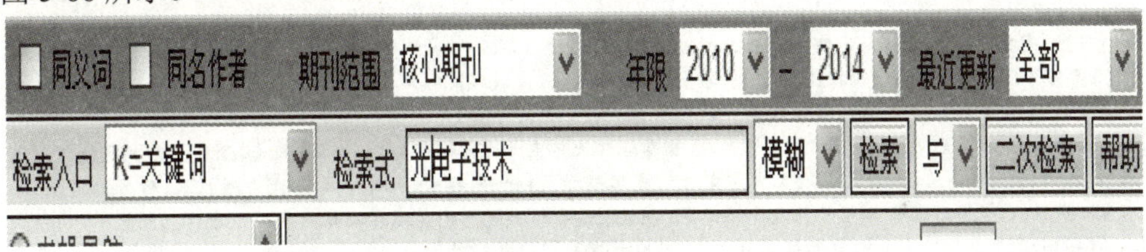

图 5-66 二次检索界面

（5）单击“二次检索”键，显示命中文献数量及列表。命中文献 16 篇，如图 5-67 所示。

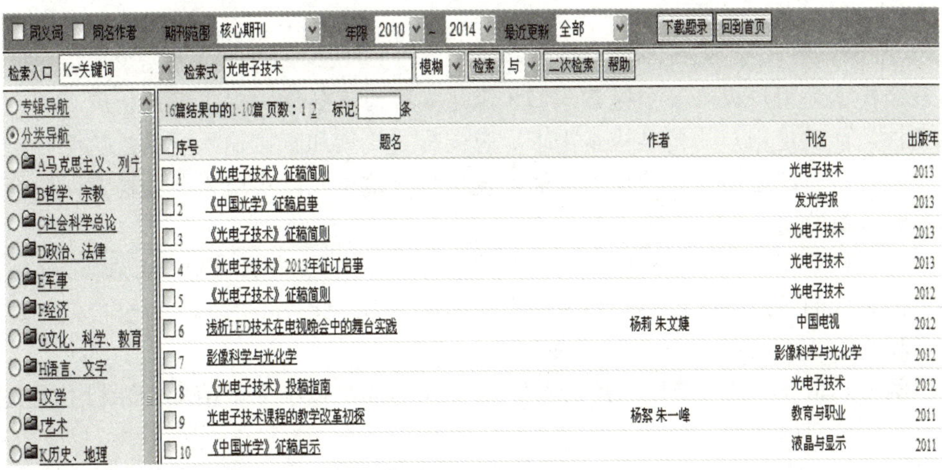

图 5-67 二次检索结果

（6）利用翻页键进行选择。

（7）单击选中论文的题名可以查看文摘信息。单击“下载全文”，可以下载、阅读、打印全文。文摘信息如图 5-68 所示。

光电子技术课程的教学改革初探

杨絮 朱一峰 于林韬 [全文(193.00KB)下载]

长春理工大学电子信息工程学院,吉林长春130022

摘　要：光电子技术课程是通信工程专业的核心课程，文章以实际社会需求为目标，重点培养学生学习兴趣，加强工程实践能力和创新思维能力，并建议从理论授课内容、教学手段、教学方法、实践环节和考核方式等方面针对课程特点进行改革实践。

关键词：光电子技术 课程教学改革 教学质量 综合能力培养

分类号：G642.0

图 5-68　论文的文摘信息

（8）打开该论文的全文。论文全文节选，如图 5-69 所示。

光电子技术课程的教学改革初探

杨絮　朱一峰　于林韬

[摘要]光电子技术课程是通信工程专业的核心课程，文章以实际社会需求为目标，重点培养学生学习兴趣，加强工
创新思维能力，并建议从理论授课内容、教学手段、教学方法、实践环节和考核方式等方面针对课程特点进行改革实
[关键词]光电子技术　课程教学改革　教学质量　综合能力培养
[作者简介]杨絮(1980-)，女，吉林长春人，长春理工大学电子信息工程学院，讲师，硕士，研究方向为光通信与信
(1979-)，男，浙江兰溪人，长春理工大学电子信息工程学院，讲师，硕士，研究方向为光电子技术、信号处理；于林
，吉林松原人，长春理工大学电子信息工程学院，副教授，硕士，研究方向为通信与信息系统。(吉林　长春　130022)
[中图分类号]G642.0　[文献标识码]A　[文章编号]1004-3985(2011)33-0129-01

一、引言

光电子技术是长春理工大学开设了近二十年的通信工程专

月松等著的《光电技术与实验》等教材为辅助；课
电子概论和基础知识、光辐射、发光源与光传播基

图 5-69　论文全文节选

3．高级检索

高级检索为用户提供多个检索入口、满足多种检索条件、提供多种扩展功能、增加限制条件，能满足用户的精准检索需求；有向导式检索和直接输入检索式这两种检索界面，一般用户建议使用向导式检索界面，直接输入检索式，实质为专业检索，适合于专门的检索人员使用。

同传统检索相比较，高极检索增加的功能有查看相关机构、期刊导航、专业限制，只要单击相应的按钮，即可得到系统给出的提示信息。此外还增加了多个检索入口、逻辑选择和检索式输入框。

示例　利用“中文科技期刊数据库”，检索“高职院校学生对馆藏资源利用状况的研究”方面的论文信息。

（1）登录“维普期刊资源整合服务平台”，在“期刊文献检索”中选择高级检索。

（2）试检阶段。在“高级检索”界面利用题目的已知条件填选检索策略。检索途径

全部选择“题名或关键词”，检索式分别输入“高职学生”、“图书馆资源”、“利用”，检索式之间的逻辑关系全部为逻辑“与”。时间为“1989-2014”，专业限制全选，期刊范围选择“全部期刊”，如图 5-70 所示。

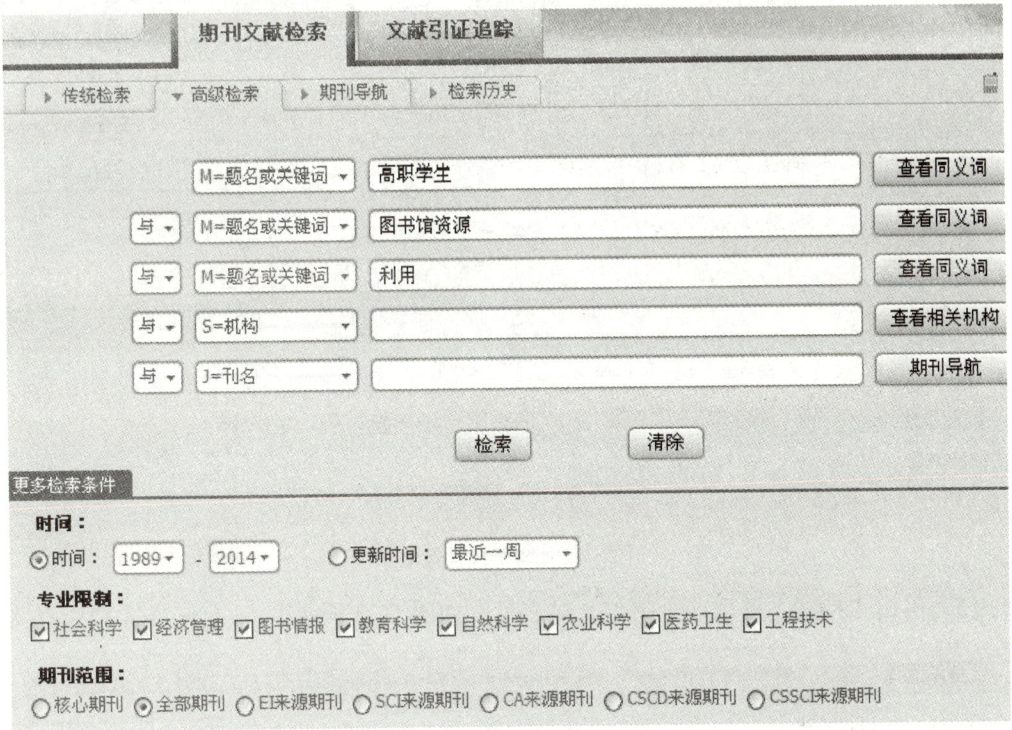

图 5-70　试检

（3）单击“检索”键后，无命中文献，如图 5-71 所示。

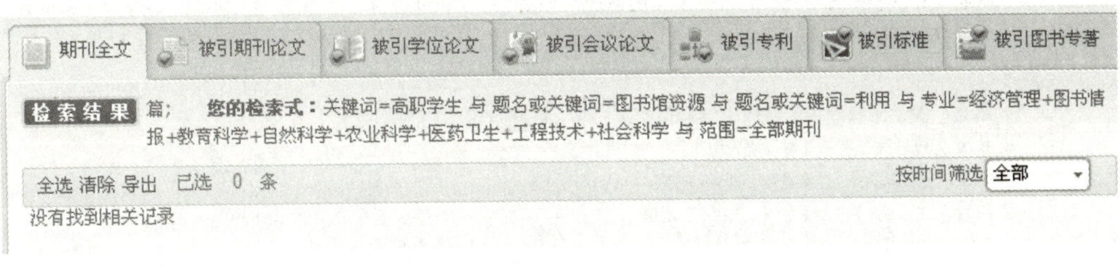

图 5-71　无命中文献

（4）调整检索策略。导致试检阶段无命中文献的主要原因是所选用的“检索词”专指性较强，需要更换检索词，可以选用上位词或相关词进行重新检索。本例中选用的上位词或相关词分别为“大学生”、“图书馆”、“利用”，其他的检索条件与“试检阶段”相同。检索策略，如图 5-72 所示。

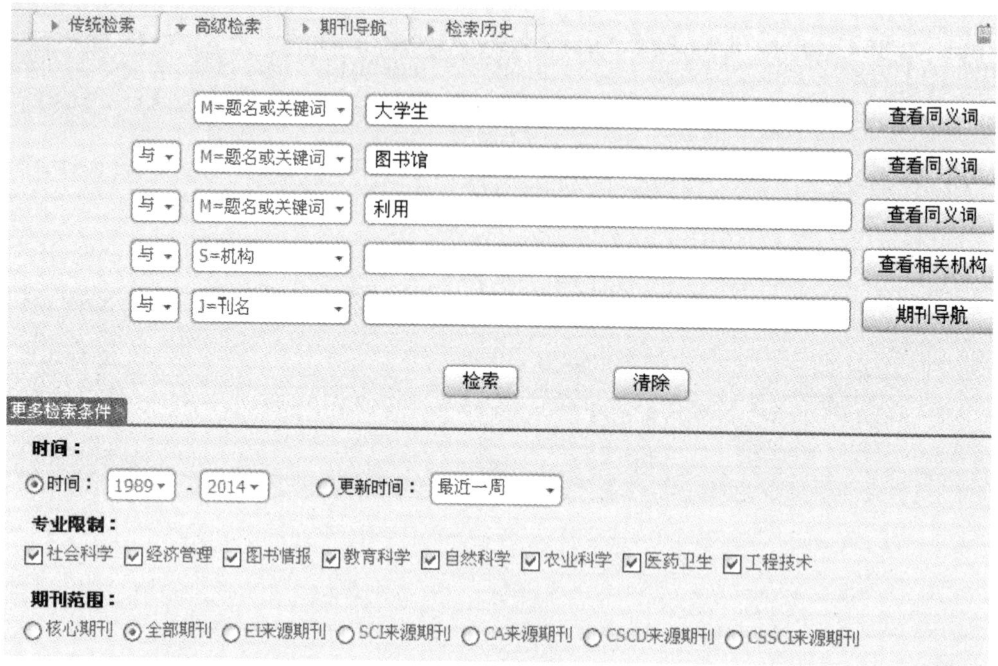

图 5-72　调整检索策略

（5）单击“检索”键后，命中 178 篇文献，如图 5-73 所示。

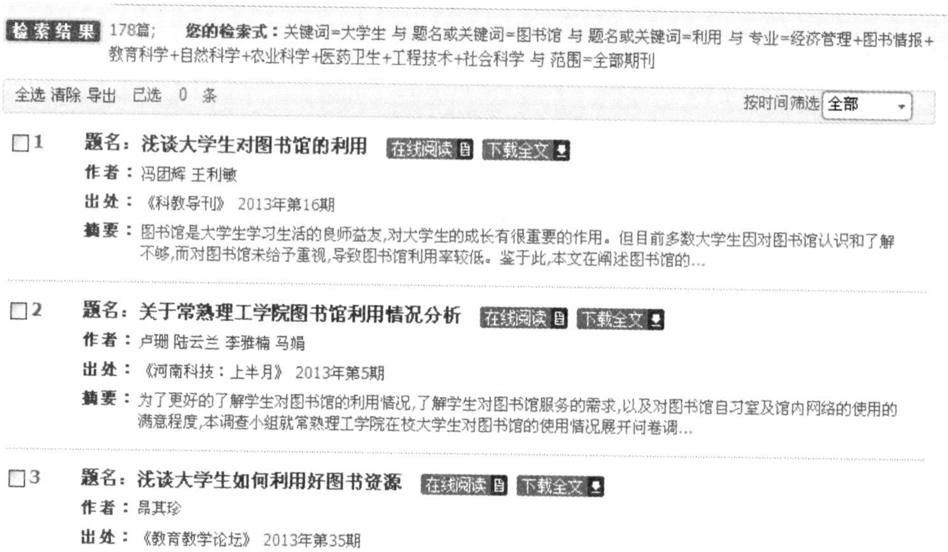

图 5-73　命中文献列表

（6）从命中文献列表中逐页选取符合检索要求的文献，将论文集下载到同一文件夹中。

（7）选中文献全文截图，如图 5-74 所示。

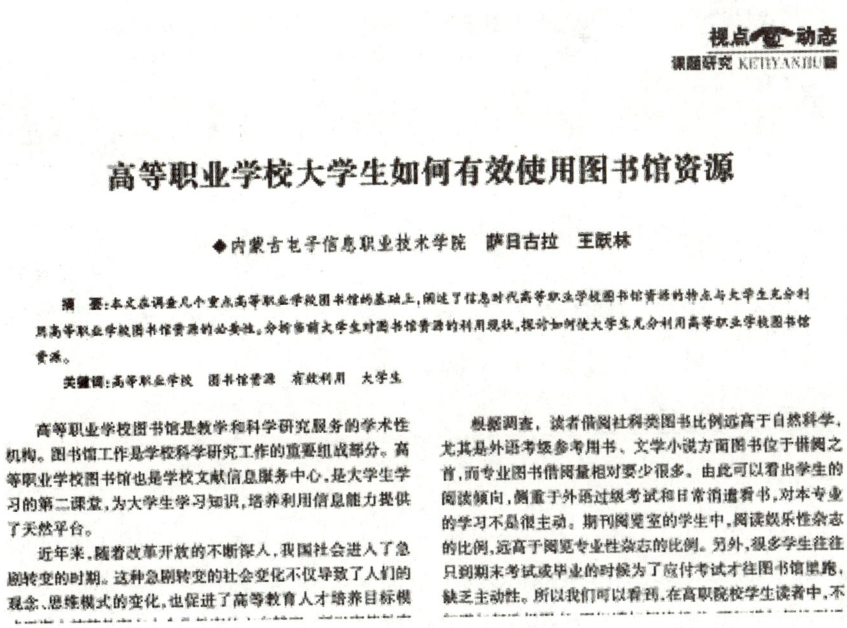
视点动态
课题研究 KETIYANJIU

高等职业学校大学生如何有效使用图书馆资源

◆内蒙古电子信息职业技术学院 萨日古拉 王跃林

摘 要：本文在调查几个重点高等职业学校图书馆的基础上，阐述了信息时代高等职业学校图书馆资源的特点与大学生充分利用高等职业学校图书馆资源的必要性。分析当前大学生对图书馆资源的利用现状，探讨如何使大学生充分利用高等职业学校图书馆资源。

关键词：高等职业学校 图书馆资源 有效利用 大学生

高等职业学校图书馆是教学和科学研究服务的学术性机构。图书馆工作是学校科学研究工作的重要组成部分。高等职业学校图书馆也是学校文献信息服务中心，是大学生学习的第二课堂，为大学生学习知识，培养利用信息能力提供了天然平台。

近年来，随着改革开放的不断深入，我国社会进入了急剧转变的时期。这种急剧转变的社会变化不仅导致了人们的观念、思维模式的变化，也促进了高等教育人才培养目标模

根据调查，读者借阅社科类图书比例远高于自然科学，尤其是外语考级参考用书、文学小说方面图书位于借阅之首，而专业图书借阅量相对要少很多。由此可以看出学生的阅读倾向，偏重于外语过级考试和日常消遣看书，对本专业的学习不是很主动。期刊阅览室的学生中，阅读娱乐性杂志的比例，远高于阅览专业性杂志的比例。另外，很多学生往往只到期末考试或毕业的时候为了应付考试才往图书馆里跑，缺乏主动性。所以我们可以看到，在高职院校学生读者中，不

图 5-74 文献全文截图

4. 期刊检索

期刊检索又称为期刊导航，用来查找期刊名称和期刊文章，能多渠道快速定位期刊，可以做年卷期的内容浏览及相关期刊或文献的漫游。为满足用户的不同检索需求，期刊检索提供了刊名检索、ISSN 号码检索、英文字顺检索和学科分类检索 4 种检索途径。其检索界面如图 5-75 所示。

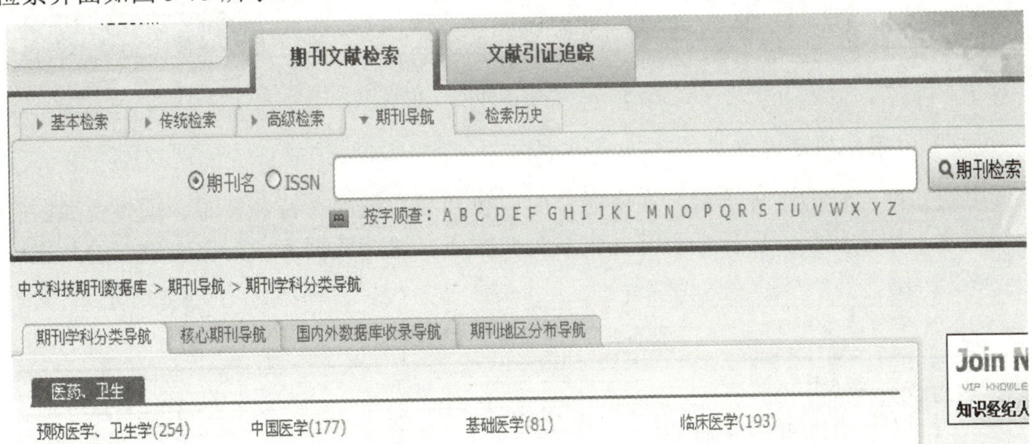

图 5-75 “期刊检索”界面

5. 检索历史

检索历史支持用户个性化的使用习惯及检索条件的再组配，保存用户使用过的检索式。“检索历史”界面如图 5-76 所示。

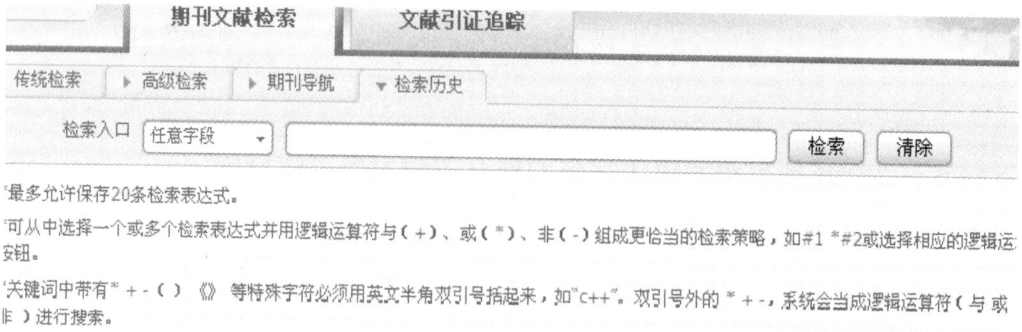

图 5-76 “检索历史”界面

六、中国知网服务平台

（一）简介

中国知网（CNKI）是一个大型综合性网站，是中国知识基础设施工程的重要组成部分，于 1999 年 6 月正式启用。中国知网的主页如图 5-77 所示。

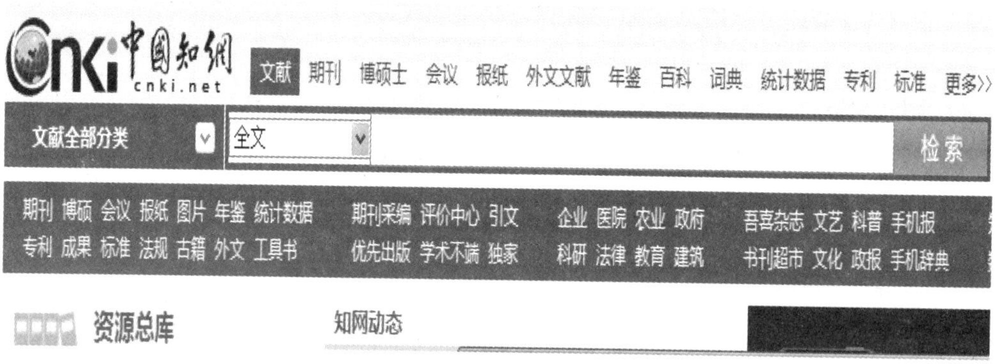

图 5-77 “中国知网”主页

（二）中国知网资源概况

中国知网的资源十分丰富，在资源总库中包括源数据库、特色资源、国外资源、行业知识库、作品欣赏、指标索引等几大系列数据库。这些数据库中，比较重要的数据库如表 5-2 所示。

表 5-2 中国知网重要数据库

数据库名称	文献类型	检索结果开放程度
中国学术期刊网络出版总库	论文	文摘
中国优秀硕士学位论文全文数据库	论文	文摘
中国博士学位论文全文数据库	论文	文摘
中国重要会议论文全文数据库	论文	文摘
中国重要报纸全文数据库	报纸	文摘
中国科技项目创新成果鉴定意见数据库	科技成果	文摘

（续表）

数据库名称	文献类型	检索结果开放程度
中国专利全文数据库	专利	文摘
国家标准全文数据库	标准	文摘
中国年鉴网络出版总库	年鉴	文摘
中国工具书网络出版总库	工具书	文摘
党政领导决策参考信息库	报刊文章	文摘
中国法律知识仓库	论文、案例、法律法规	文摘
中国建筑知识仓库	论文、设计成果、法规等	文摘
中国城市规划知识仓库	论文、设计成果、法规等	文摘
中国经济信息文献数据库	论文、分析报告	文摘
中国规范术语数据库	名词术语	开放
中国引文数据库	统计数据	目录

许多高职院校图书馆只购买了中国知网的部分数据库，而且是光盘版的。光盘版和网络版只是数据库的存放地点和登录方式不同，数据库的内容、检索方式和检索途径等没有差别。

（三）检索方式与检索途径

中国知网提供了导航检索、逻辑检索、智能检索和跨库检索 4 种检索方式。导航检索是依据数据库的分类体系和导航功能逐层浏览，直至查找到相关内容。逻辑检索包括初级检索、高级检索和专业检索三种形式，供不同用户选择使用。智能检索是通过数据库的辅助系统，提供同义词、同名作者的其他文献，为用户提供相关资料。跨库检索是指用户输入的一个检索式同时到指定的多个数据库中进行检索，并一次性输出检索结果。

中国知网为用户提供了多种检索途径，不同数据库的可检字段不同，最多的数据库可检字段有 12 个。例如，“中国学术期刊网络出版总库”的可检字段有主题、篇名、关键词、作者、单位、刊名、ISSN、CN、期、基金、摘要、全文、参考文献、中图分类号等。

（四）“中国学术期刊全文数据库”的使用方法

中国知网中最有影响的数据库是“中国学术期刊全文数据库”，是目前世界上较大的连续动态更新的中文期刊全文数据库，收录国内 1994 年至今的 8200 余种期刊论文的全文，内容涵盖了自然科学、社会科学、工程技术、农业、哲学、医学等各个领域。其检索界面如图 5-78 所示。

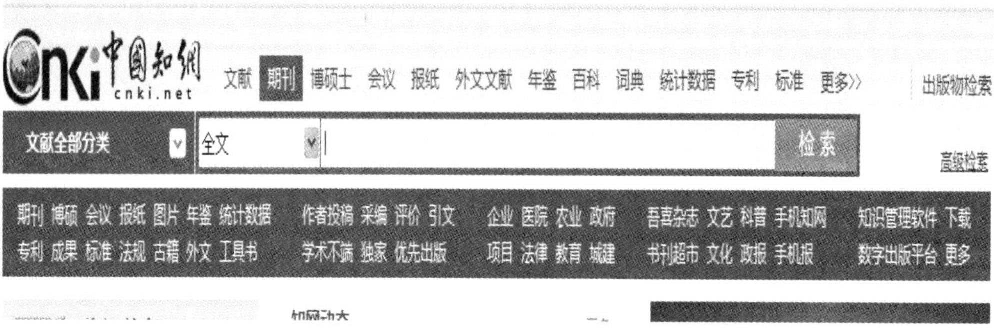

图 5-78 “中国学术期刊数据库”检索界面

1. **基本检索**

当用户的检索需求和检索条件较为简单时，选择基本检索方式。基本检索界面如图 5-78 所示。其索引类型如图 5-79 所示。

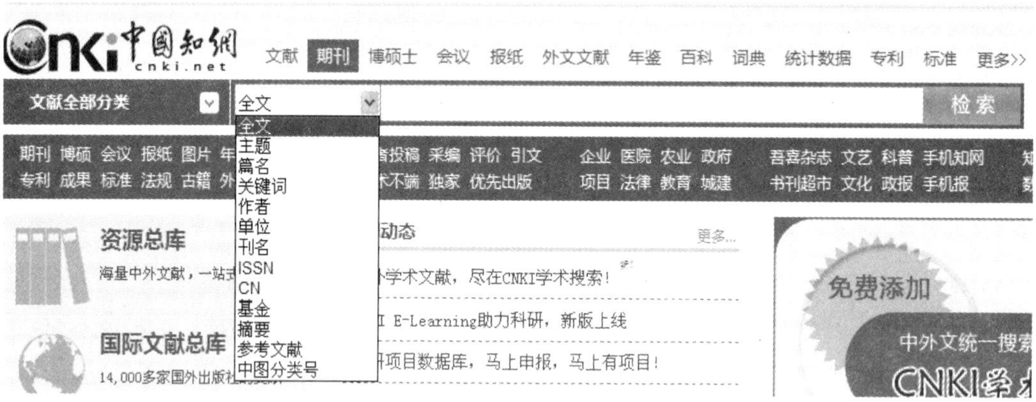

图 5-79 基本检索界面索引类型

示例 利用中国知网的“中国学术期刊数据库”，检索关于“物业管理”方面的论文信息。检索步骤如下：

（1）登录“中国知网”主页，单击“期刊”，进入基本检索界面。

（2）填选检索策略。检索途径选择“主题”途径，检索框中输入检索式“物业管理”，如图 5-80 所示。

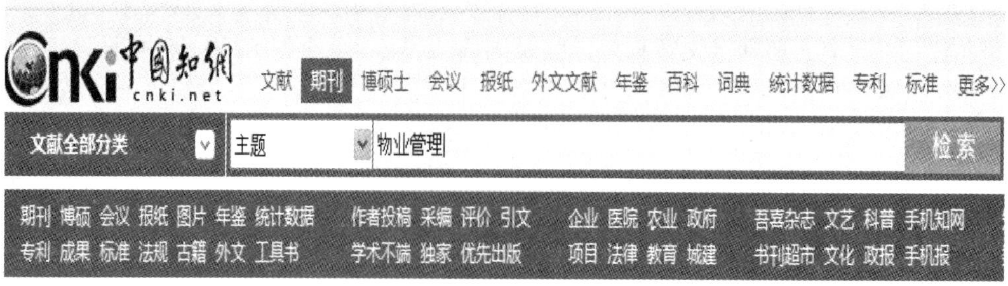

图 5-80 填选检索策略

（3）单击“检索”键，显示命中文献数量和列表，命中 20 173 条论文，如图 5-81 所示。

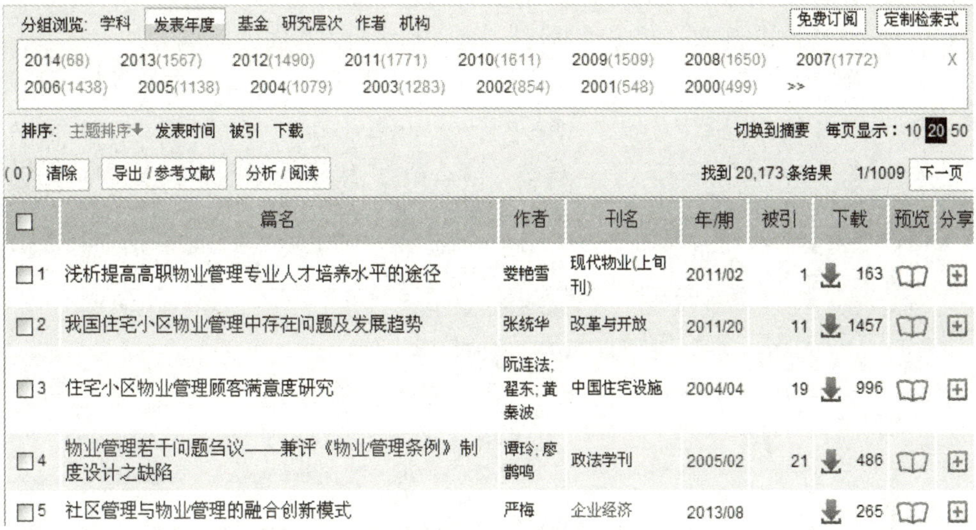

图 5-81　命中文献列表

（4）利用翻页键，浏览、选择所需论文。

（5）下载、阅读全文。单击论文篇名，可以查看论文的题录和文摘信息；单击“下载全文”，可以将论文全文下载到用户的计算机中。

2．高级检索

当用户的检索需求较为复杂或检索条件较多时，选择高级检索方式，其界面如图 5-82 所示。

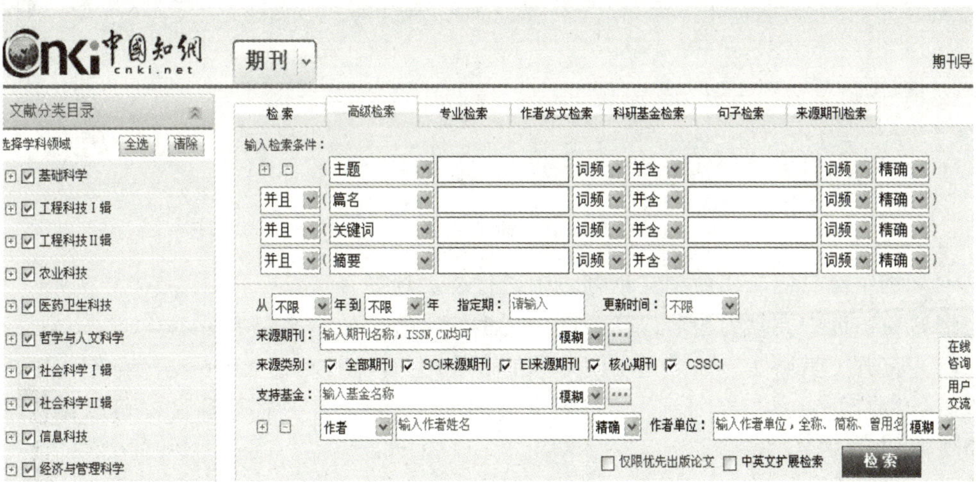

图 5-82　高级检索界面

示例　利用中国知网“中国学术期刊数据库”的高级检索方式，检索 2010～2013 年关于“数控机床误差补偿”方面的论文信息。

（1）登录中国知网主页，单击“期刊”，进入高级检索界面。

（2）在高级检索界面中，填选检索策略：选择主题途径、检索词为数控机床和误差补偿、时间为 2010～2013 年，如图 5-83 所示。

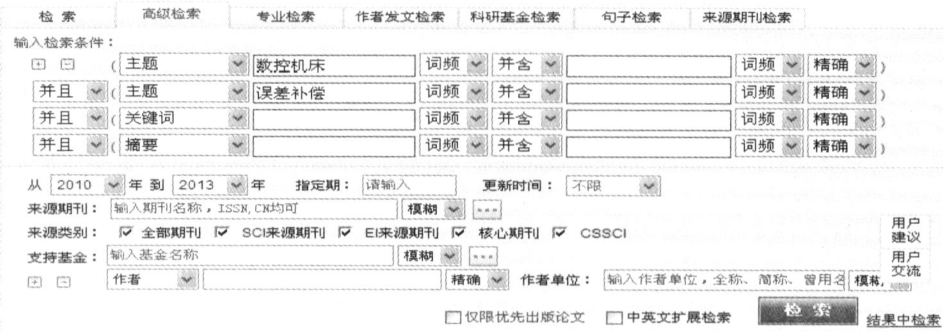

图 5-83　检索界面填选检索策略

（3）单击“检索”键，显示命中文献数量及列表，命中文献 172 条，如图 5-84 所示。

图 5-84　命中文献列表

（4）利用翻页键，在命中文献列表中进行逐页选择。

（5）单击选中文献的题名，打开选中文献的文摘，如图 5-85 所示。

（6）打开文献原文。如果是中国知网的商业用户，通过“CAJ 下载”或者“PDF 下载”就可以打开原文；否则，只能查看文摘部分。非商业用户需要原文，可以免费订阅或付费购买。

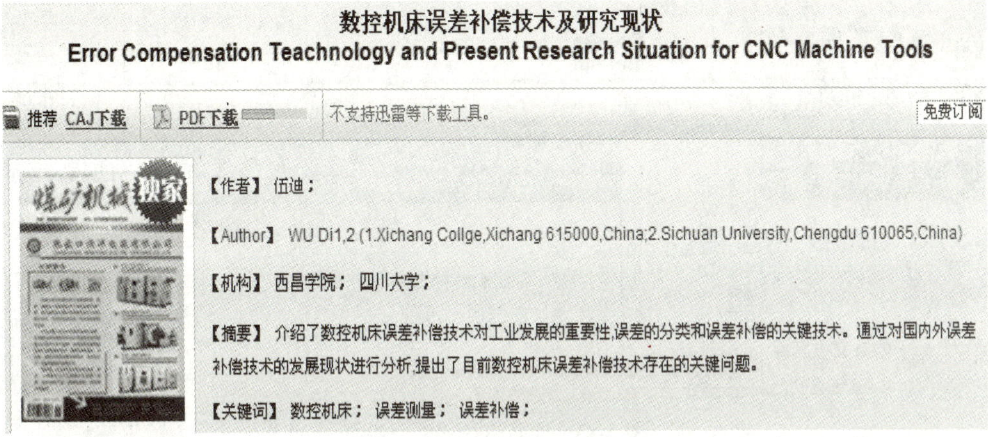

图 5-85 选中文献的文摘

（五）中国知网“硕士、博士论文数据库”的使用方法

中国知网“硕士、博士论文数据库”提供基本检索和高级检索两种检索方式。“硕士、博士论文数据库”的主页如图 5-86 所示。

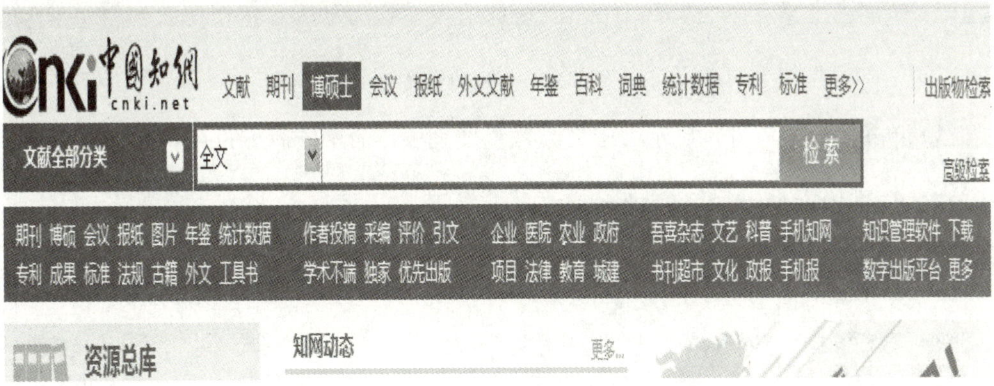

图 5-86 “硕士、博士论文数据库”的主页

1．基本检索

基本检索界面，由检索途径栏、检索式填写框和检索键等组成，其检索途径包含的索引类型如图 5-87 所示。

示例 利用中国知网的“硕士、博士论文数据库”，检索有关“机械工程”方面的学位论文信息。检索步骤如下：

（1）通过校园网登录中国知网主页，单击“博硕士”论文数据库，选择基本检索界面。

（2）填选检索策略。检索途径选择“主题”索引，检索式输入“机械工程”，如图 5-88 所示。

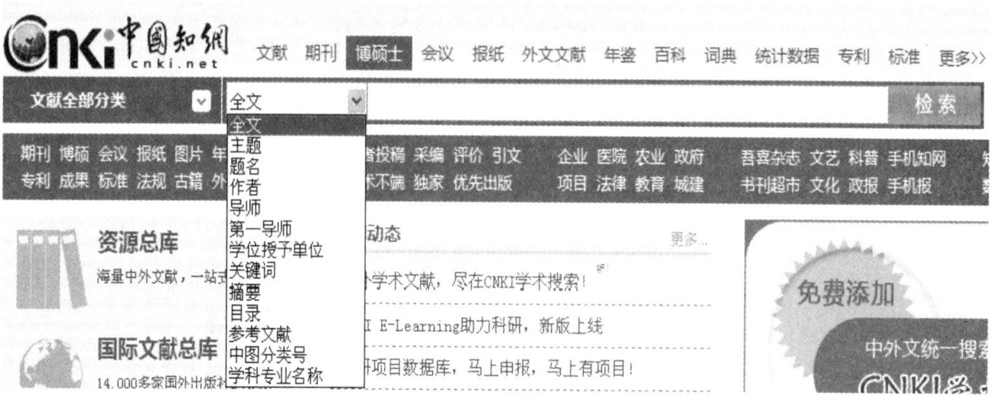

图 5-87 检索途径的索引类型

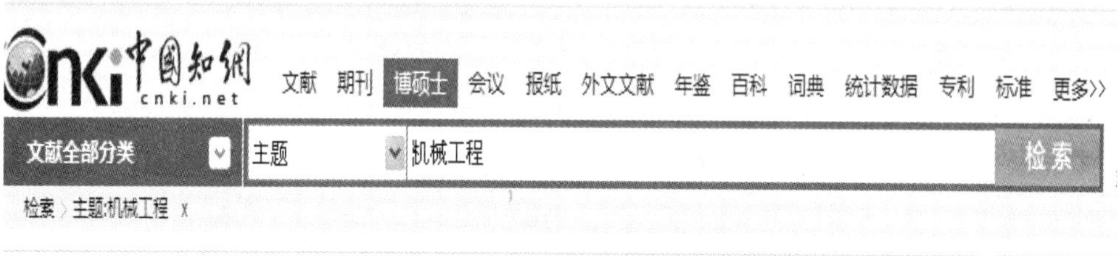

图 5-88 填选检索策略

（3）单击“检索”键，显示命中文献数量及列表，命中文献 669 条，如图 5-89 所示。

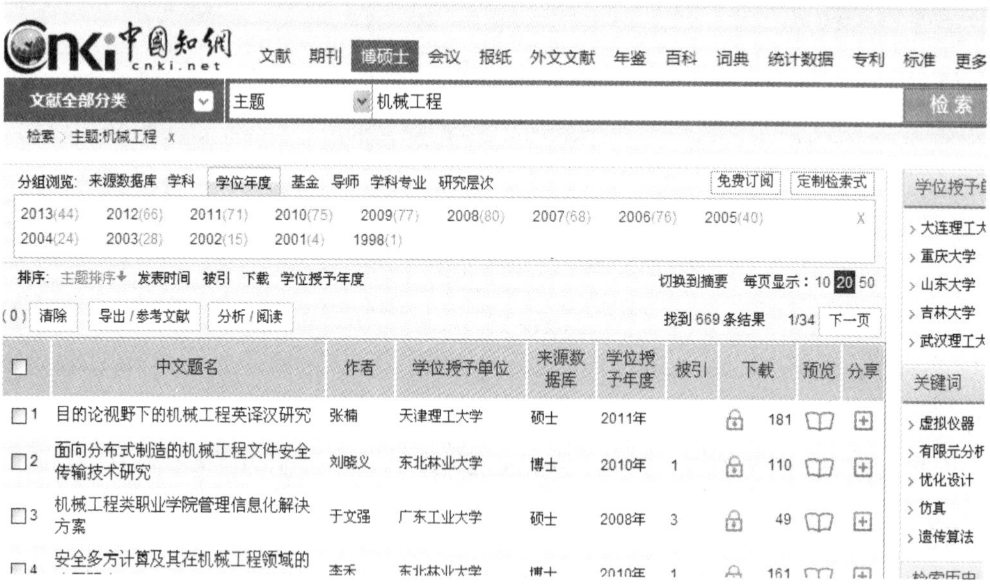

图 5-89 命中文献数量及列表

（4）选择文献。利用论文题名、作者、题录及年份等信息逐页浏览选择。

（5）单击“下载”键，即可将选中论文的全文下载到本地机中。

2．高级检索

在“硕士、博士论文数据库”的基本检索界面单击“高级检索”，即可进入高级检索界面。

示例 利用中国知网的“硕士、博士论文数据库”，检索 2010～2013 年学位授予单位为华中科技大学有关“机械工程”方面的学位论文信息。检索步骤如下：

（1）通过校园网登录中国知网主页，单击“博硕士”论文数据库，选择基本检索界面。

（2）填选检索策略。检索途径选择“主题”，对应的检索式输入“机械工程”；学位年度为“2010-2013”，学位单位中输入“华中科技大学”，如图 5-90 所示。

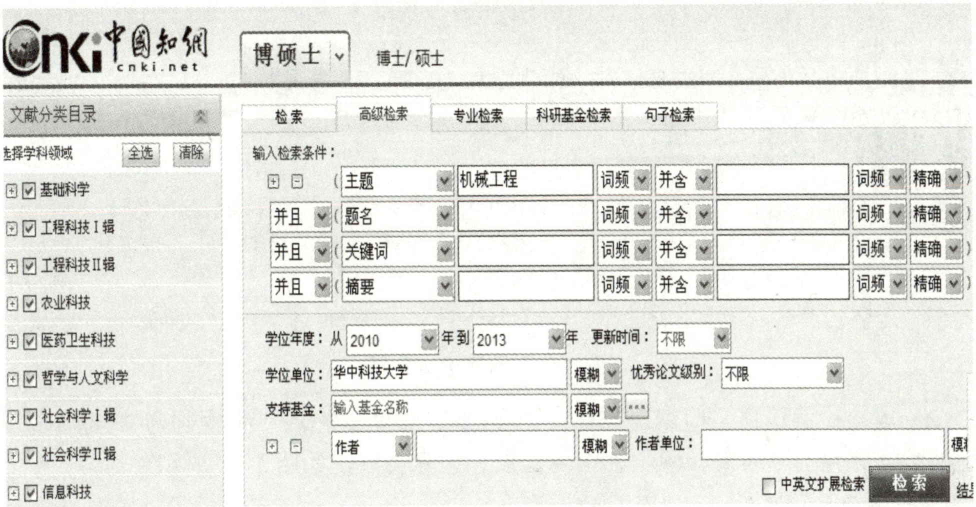

图 5-90 填选检索策略

（3）单击“检索”键，显示命中文献数量及列表，命中 6 篇学位论文，如图 5-91 所示。

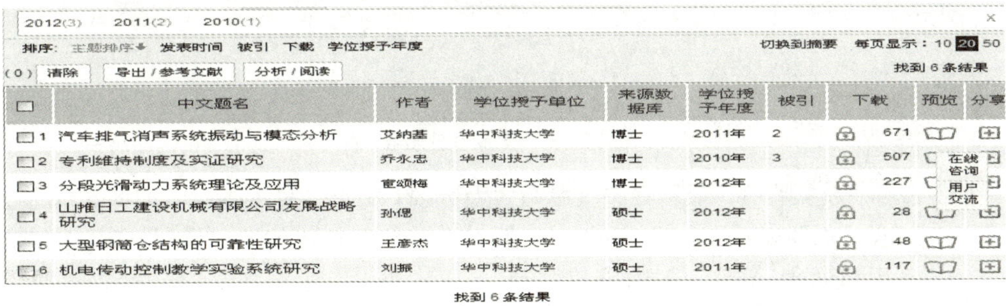

图 5-91 命中文献数量及列表

（4）选取所需文献，打开或下载论文全文。

（六）跨库检索

跨库检索是指利用一种检索策略，在多种数据库中同时进行匹配，并一次性输出命中结果的检索方式。在万方知识服务平台的“期刊全文数据库”的学习中，介绍过跨库检索的使用方法。中国知网的跨库检索的使用方法，同万方的跨库检索的使用方法基本相同。

示例 利用中国知网的跨库检索功能，查找关于“生物制药”方面的硕博士论文以及国内外会议论文信息。检索步骤如下：

（1）通过校园网，登录中国知网主页，单击“文献”后，再单击“跨库选择”，如图 5-92 所示。

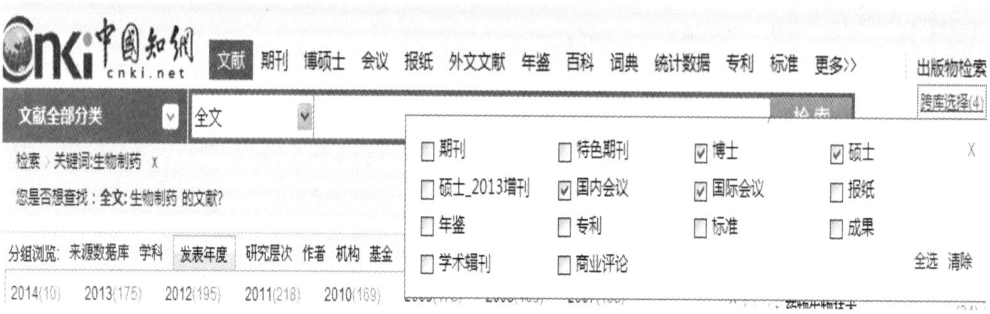

图 5-92 跨库检索界面

（2）填选检索策略。检索途径选择“主题”，检索式输入“生物制药”，跨库选择中选取的数据库包括“博士、硕士、国内会议、国际会议，如图 5-93 所示。

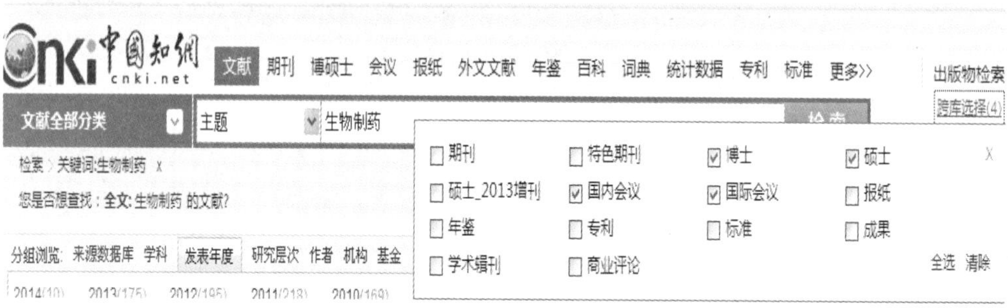

图 5-93 填选检索策略

（3）单击“检索”键，显示命中文献数量及列表，命中文献 615 条，如图 5-94 所示。

（4）如果只需要查看 2013 年的命中文献，单击图 5-95 中的“2013（44）”。

（5）利用翻页键，浏览、选择所需文献。

（6）打开、下载或索取所需文献的原文。

图 5-94 命中文献数量及列表

图 5-95 2013 年的命中文献列表

（七）中国知网“事实型数据库”

1.“中国科技项目创新成果鉴定意见数据库”

“中国科技项目创新成果鉴定意见数据库”，简称“中国科技项目数据库”。截至 2012 年 10 月，该数据库收录了 1970 年以来所有正式登记的中国科技成果 54 万多项，按行业、成果级别、学科领域分类。每条成果信息包含成果概况、立项、评价、知识产权状况、成果应用、成果完成单位及个人信息。

该数据库的特色是收录了专家组对该项成果的“推广应用前景与措施、主要技术文件目录及来源、测试报告和鉴定意见”等内容的鉴定数据。与通常的科技成果数据库相比，“中国科技项目创新成果鉴定意见数据库”的每项成果，由知网集成了与该成果相关的最新文献、科技成果、标准等信息，可以完整地展现该成果产生的背景、最新发展动态、相关领域的发展趋势，也可以浏览该成果完成人或完成机构更多的论述及其在各种出版物上发表的文献。

“中国科技项目创新成果鉴定意见数据库”提供基本检索、高级检索和专业检索三种检索方式。本节只介绍高级检索的使用方法。高级检索界面提供成果名称、关键词、成果简介、中图分类号和学科分类号等 9 种检索途径，检索途径的下拉列表如图 5-96 所示。

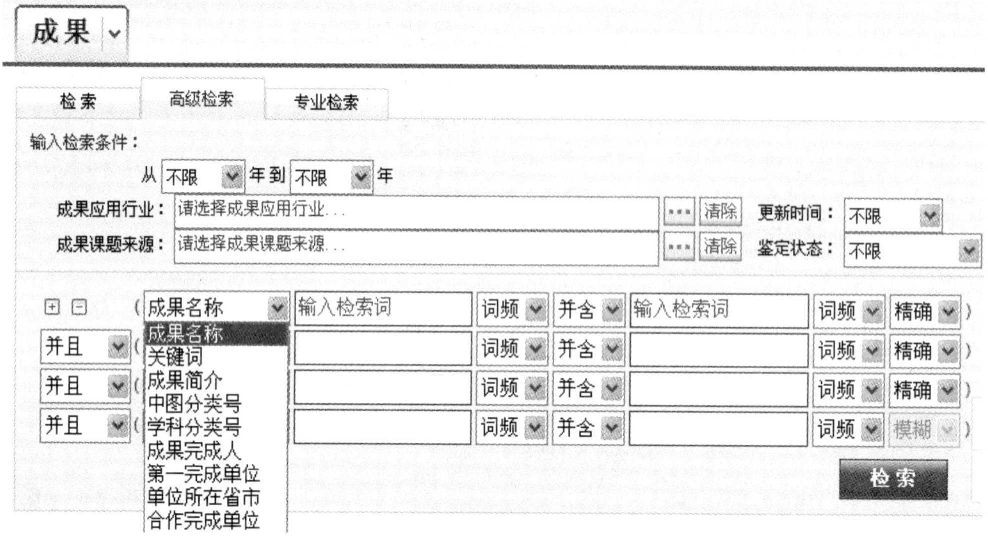

图 5-96　检索途径显示窗

示例　利用“中国科技项目创新成果鉴定意见数据库”检索“单片机系统设计”方面的成果。步骤如下：

（1）利用校园网登录中国知网主页，单击“成果”，选择“高级检索”。

（2）填选检索策略。第一个检索途径选择“成果名称”，对应的检索式输入“单片机”；第二个检索途径选择“成果名称”，对应的检索式输入“系统设计”；两个检索式之间的关系选择逻辑“与”，如图 5-97 所示。

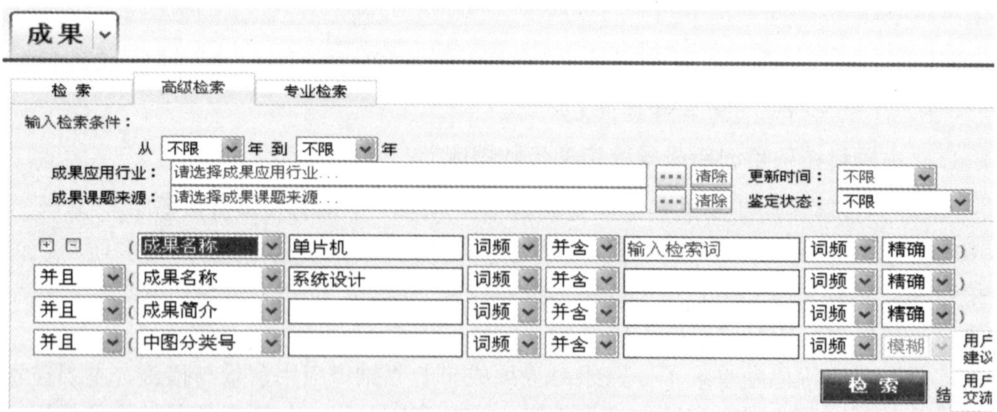

图 5-97　填选检索策略

（3）单击“检索”键后，显示命中文献数量及列表，命中文献1篇，如图5-98所示。

(0) 清除　导出/参考文献　分析/阅读　　找到1条结果

	成果名称	成果完成人	第一完成单位	年	下载	分享
1	单片机在重量分捡机中应用系统设计的研究	葛飞;陈艳;贾端红;吴功平;程花蕊;齐保林;田鹏志;董生怀;李琰;魏庆葆;肖小辉;王艳芳;胡小波;曹文思;汤春香	郑州牧业工程高等专科学校	2003		

图5-98　命中文献列表

（4）在命中文献列表中，单击成果标题，即可打开该成果文摘和评价信息，如图5-99所示。

知网节

单片机在重量分捡机中应用系统设计的研究

【成果完成人】	葛飞;陈艳;贾端红;吴功平;程花蕊;齐保林;田鹏志;董生怀;李琰;魏庆葆;肖小辉;王艳芳;胡小波;曹文思;汤春香
【第一完成单位】	郑州牧业工程高等专科学校
【关键词】	单片机;重量分捡机
【中图分类号】	TB486.3
【学科分类号】	410.70
【成果简介】	课题完成了整个单片机应用系统的开发与设计,包括硬件设计;软件编程,并且对整机的准确度等级进行了检测分析,此类重量分捡机集传感器技术、计量技术、自动控制技术、计算机软硬件技术于一身,产品具有较高的速度、精度及可靠性,主要应用于食品工业的粉状、颗粒状物料的定量包装过程中的重量控制,同时也可应用于医药、精细化工等行业的重量选别、类别分捡、杂物剔除等工作。系统采用了高速动态称重的数字称重传感器,使系统的准确度得到了充分保证。具有精度较高,抗干扰能力强,响应速度快,值得推广与应用。设备达到了在线称量、瞬间……[详细]
【成果类别】	应用技术
【研究起止时间】	2002-11～2003-10
【评价形式】	鉴定
【成果入库时间】	2003

CAJ全文下载

图5-99　成果的文摘及评价

（5）索取成果原文。如果是中国知网的商业用户，通过“CAJ下载”或者“PDF下载”就可以打开原文。否则，只能查看文摘部分。非商业用户需要原文，可以网上订阅、付费购买。

2．中国知网“中国工具书网络出版总库”

“中国工具书网络出版总库”，简称“知网工具书库”或者“CNKI工具书库”。“知网工具书库”是传统工具书的数字化集成整合，按学科分10大专辑168个专题。“知网工具书库”集成了近200家知名出版社的3000余部工具书，类型包括语文词典、双语词典、专科辞典、百科全书、图录、表谱、传记、语录、手册等，约1500万个条目，70万张图片，所有条目均由专业人士撰写，内容涵盖哲学、文学艺术、社会科学、文化教育、自然科学、工程技术、医学等各个领域。

“中国工具书网络出版总库”配置了强大的全文检索系统，大大突破了传统工具书在检索方面的局限性；同时通过超文本技术建立了知识之间的链接和相关条目之间的跳转阅读，使读者在一个平台上能够非常方便地获取分散在不同工具书里的、具有相关性的知识信息。

“中国工具书网络出版总库”除了实现了库内知识条目之间的关联外，每一个条目后面还链接了相关的学术期刊文献、博士硕士学位论文、会议论文、报纸、年鉴、专利、知识元等，帮助人们了解最新进展，发现新知，开阔视野。

“知网工具书库”提供基本检索方式。基本检索界面的检索途径包括词目、词条、书名和出版者 4 种索引，检索途径的下拉列表如图 5-100 所示。

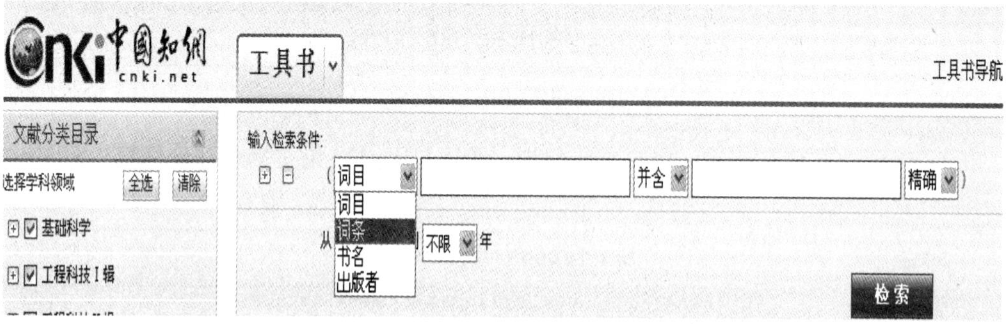

图 5-100　检索途径显示窗

示例　利用“知网工具书库”，检索 2000～2014 年有关“信息检索或文献检索”的词条信息。检索步骤如下：

（1）利用校园网登录中国知网主页，单击“更多”，即可显示“知网工具书库”的检索界面。

（2）填选检索策略。检索途径选择“词条”，对应的检索式输入“信息检索”；逻辑关系选择“与”；第二个检索式输入“文献检索”；时间范围选择“2000-2014”，如图 5-101 所示。

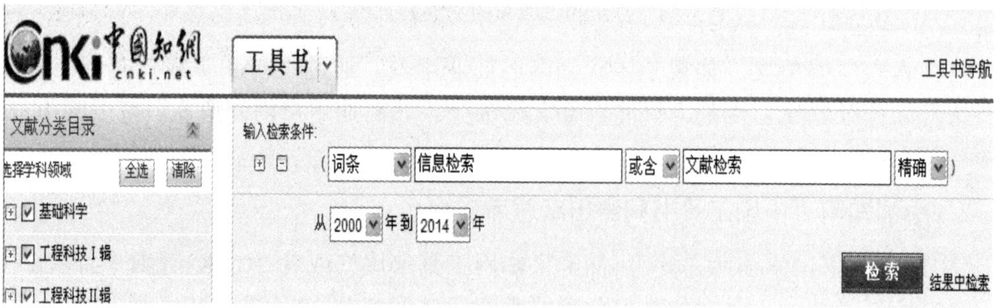

图 5-101　填选检索策略

（3）单击“检索”键，显示命中文献数量及列表，如图 5-102 所示。

（4）浏览、选取所需词条，并“阅读全文”。

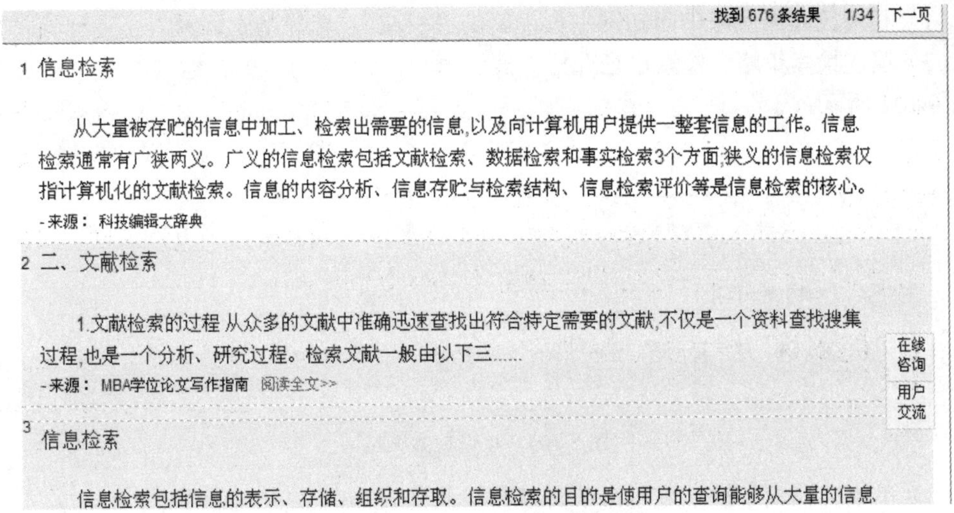

图 5-102 命中文献数量及列表

3．中国知网“中国引文数据库”

“中国引文数据库”收录了中国学术期刊（光盘版）电子杂志社出版的所有源数据库产品的参考文献，涉及期刊类、学位论文类、会议论文类、图书类、专利类、标准类、报纸类等超千万次被引文献。该库通过揭示各种类型文献之间的相互引证关系，不仅可以为科学研究提供新的交流模式，同时也可以作为一种有效的科学管理及评价工具。

在真实、客观、公开、全面地反映学术文献生产、传播的理念下，本数据库为各方面研究人员提供了引文检索平台和统计分析平台，从引文分析的角度为用户提供一个客观、规范、正确的综合评价分析工具，使得用户能够全面、系统地了解分析对象，能够从定量的角度综合判断分析对象的学术综合实力，从而促进期刊文献质量和科研绩效管理水平的提高。

“中国引文数据库”提供基本检索和高级检索两种检索方式，本节只介绍基本检索界面的使用方法。基本检索界面的检索途径包括被引题名、被引作者、被引第一作者等 8 种索引。检索途径的下拉列表如图 5-103 所示。

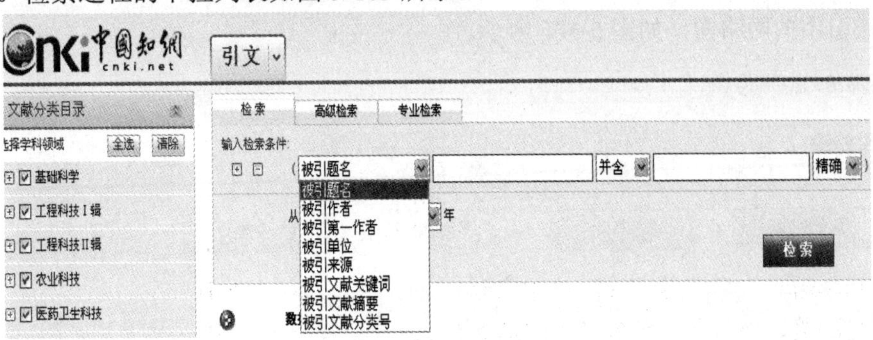

图 5-103 检索途径显示窗

示例 利用“中国引文数据库”检索“马必学作为第一作者所写论文的引用情况”。检索步骤如下：

（1）利用校园网登录中国知网主页，单击“引文”，选择基本检索。

（2）填选检索策略。检索途径选择“被引第一作者”，对应的检索式填写“马必学”，如图 5-104 所示。

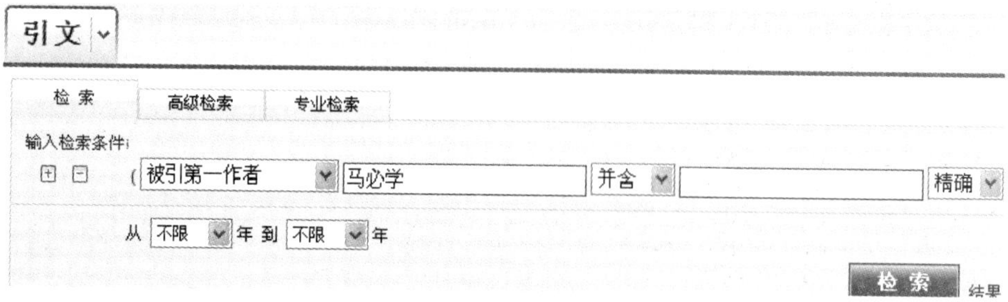

图 5-104　填选检索策略

（3）单击“检索”键，显示命中文献数量及列表。在命中文献列表中，显示了“马必学”作为第一作者所发表的每篇论文被引用的被引文献来源、发表时间、被引次数、下载数量等信息，如图 5-105 所示。

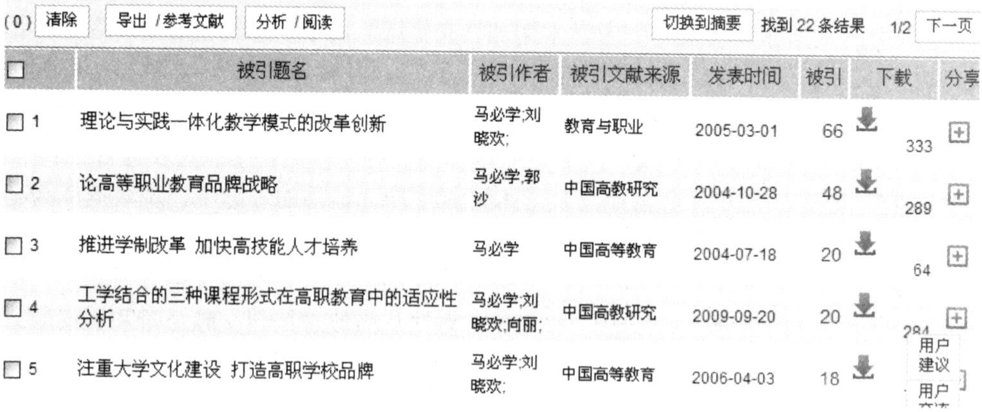

(0) 清除　导出 / 参考文献　分析 / 阅读　切换到摘要　找到 22 条结果　1/2　下一页

	被引题名	被引作者	被引文献来源	发表时间	被引	下载	分享
1	理论与实践一体化教学模式的改革创新	马必学;刘晓欢;	教育与职业	2005-03-01	66	333	
2	论高等职业教育品牌战略	马必学;郭沙	中国高教研究	2004-10-28	48	289	
3	推进学制改革 加快高技能人才培养	马必学	中国高等教育	2004-07-18	20	64	
4	工学结合的三种课程形式在高职教育中的适应性分析	马必学;刘晓欢;向丽;	中国高教研究	2009-09-20	20	284	
5	注重大学文化建设 打造高职学校品牌	马必学;刘晓欢;	中国高等教育	2006-04-03	18		

图 5-105　命中文献列表

（4）在命中文献列表中，单击论文的标题“论高等职业教育品牌战略”，即可获得这篇论文被引用的网络图，如图 5-106 所示。

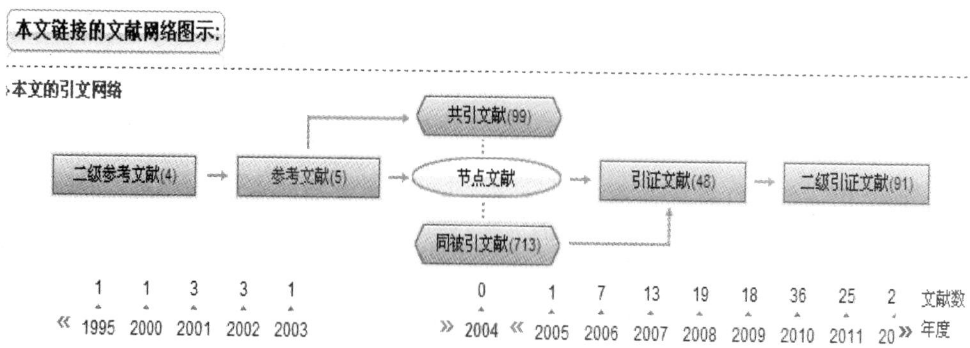

图 5-106　本文的引文网络图

（5）在命中文献列表中，单击“论高等职业教育品牌战略”后面的被引次数“48”，即可获得这篇论文详细的引用情况，如图 5-107 所示。

查找：《论高等职业教育品牌战略》 的引证文献：

中国期刊全文数据库 共找到 30 条

[1] 王海星. 独立学院品牌战略创新研究[J]. 教书育人. 2012(24)

[2] 杨丽军,赵周娟. 浅析新时期高职校园文化建设[J]. 新西部(理论版). 2012(11)

[3] 马必学,刘晓欢. 高等职业院校的品牌发展研究[J]. 武汉职业技术学院学报. 2011(04)

[4] 肖新俊. 高职院校品牌形象塑造存在的问题与对策——以随州职业技术学院为例[J]. 文教资料. 2010(31)

[5] 冯峰. 准企业思维的高职教育品牌化实施模式研究[J]. 职教论坛. 2010(18)

[6] 杨素杰. 浅谈高职院校美术教师素质[J]. 网络财富. 2010(01)

[7] 周桂瑾,俞林. 高职教育品牌战略分析[J]. 教育与职业. 2009(36)

[8] 王维盛. 以科学发展观为指导 塑造学院良好形象的战略思考[J]. 潍坊高等职业教育. 2009(04)

[9] 杨士恒. 高等职业教育品牌化发展的模式分析[J]. 教育与职业. 2009(33)

[10] 刘全胜,周桂瑾. 从产学研结合谈高职院校品牌的创建[J]. 无锡职业技术学院学报. 2009(05)

中国优秀硕士学位论文全文数据库 共找到 18 条

[1] 黄欢. 高校思想政治工作品牌培育研究[D]. 华东师范大学 2011

[2] 曹文. 价值链视角下湖南信息职院发展创新研究[D]. 中南大学 2011

图 5-107 《论高等职业教育品牌战略》的引用详细信息

4．中国知网“中国年鉴网络出版总库”

“中国年鉴网络出版总库”是目前国内最大的连续更新的动态年鉴资源全文数据库。文献来源于中国国内的中央、地方、行业和企业等各类年鉴的全文文献，内容覆盖基本国情、地理历史、政治军事外交、法律、经济、科学技术、教育、文化体育事业、医疗卫生、社会生活、人物、统计资料、文件标准与法律法规等各个领域。

该年鉴内容按行业分类可分为地理历史、政治军事外交、法律、经济总类、财政金融、城乡建设与国土资源、农业、工业、交通邮政信息产业、国内贸易与国际贸易、科技工作与成果、社会科学工作与成果、教育、文化体育事业、医药卫生、人物 16 大行业。按照行政区划分类可分为北京市、天津市、河北省、山西省、内蒙古自治区、辽宁省、吉林省、黑龙江省、上海市、江苏省、浙江省、安徽省、福建省、江西省、山东省、河南省、湖北省、湖南省、广东省、广西壮族自治区、海南省、重庆市、四川省、贵州省、云南省、西藏自治区、陕西省、甘肃省、青海省、宁夏回族自治区、新疆维吾尔自治区、香港特别行政区、澳门特别行政区、台湾省共 34 个省级行政区域，收录年限为 1912 年至今。

“中国年鉴网络出版总库”提供基本检索和高级检索两种检索方式，本节只介绍高级检索界面的使用方法。高级检索界面中检索途径的下拉列表如图 5-108 所示。

示例 利用“中国年鉴网络出版总库”检索 2004～2014 年中央级别的关于“职业教育”方面的年鉴信息。检索步骤如下：

（1）通过校园网登录中国知网主页，单击“年鉴”，选择高级检索。

（2）填选检索策略。检索途径选择“题名”，对应的检索式输入“职业教育”；年鉴年份选择“2004-2014”；年鉴级别选择“中央综合年鉴”，如图 5-109 所示。

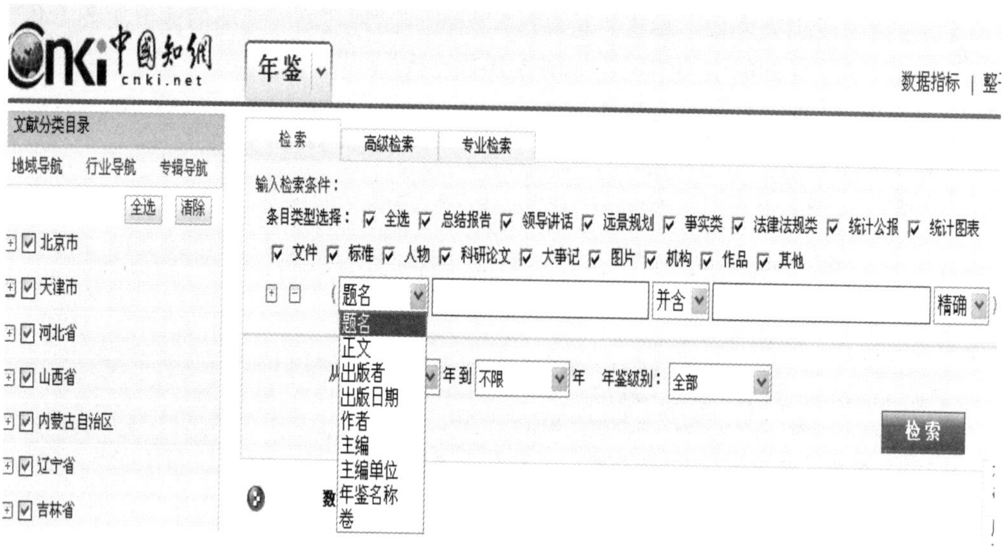

图 5-108 检索途径显示窗

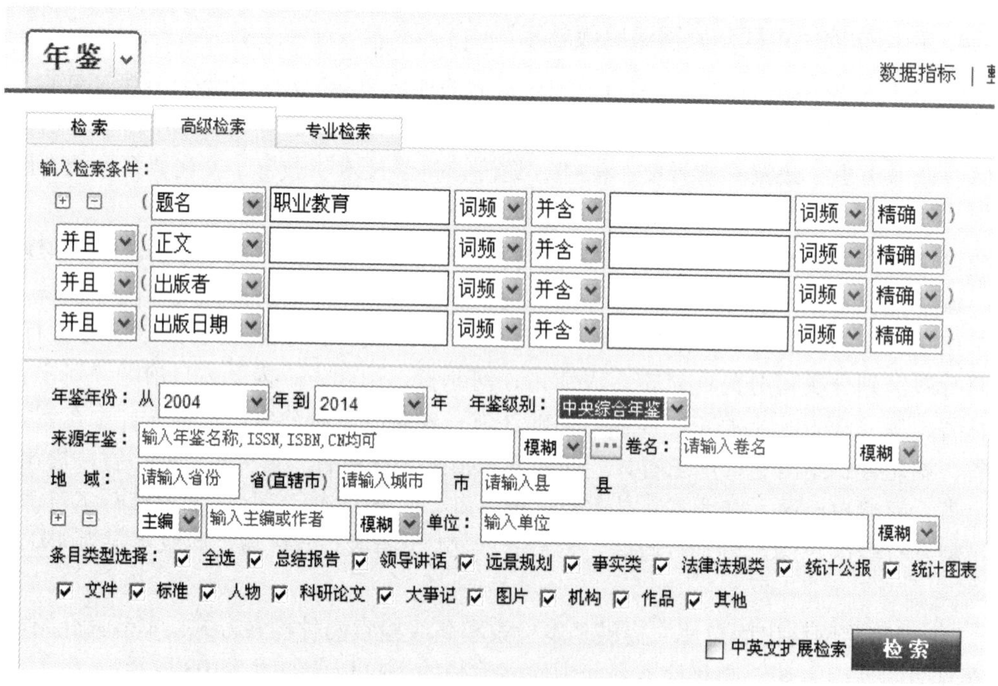

图 5-109 填选检索策略

（3）单击“检索”键，显示命中文献数量及列表，如图 5-110 所示。

（4）浏览、选择所需年鉴。用户如果购买了使用权限，即可在线阅读或下载年鉴全文。

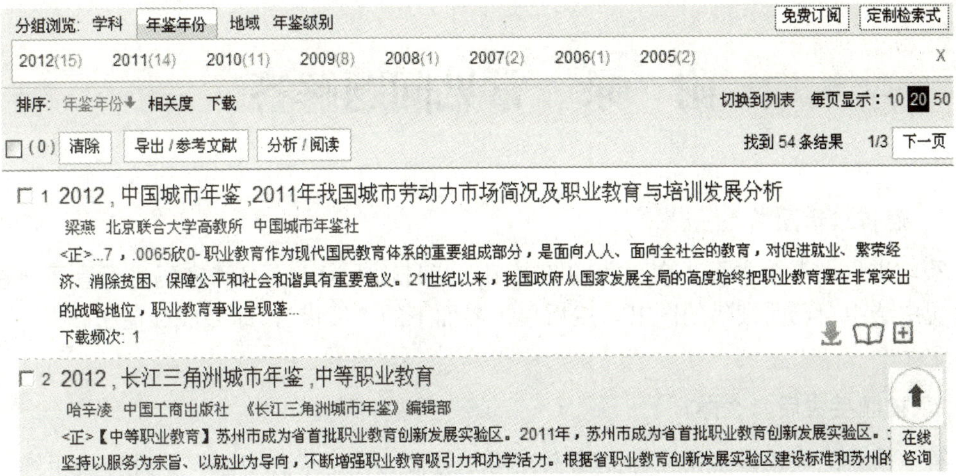

图 5-110 命中文献数量及列表

附　录　常见问题解答

1. 怎样续借图书？

答　进入图书馆主页，在“我的图书馆”栏目输入读者卡号和密码进行登录，在借书情况中选中自己要续借的图书，然后单击界面下的“续借”，即完成续借工作。

2. 校园丢失后怎么办？

答　读者遗失校园卡请立即到图书馆附二号楼一楼“卡务中心”办理挂失手续，并可根据情况办理补办手续。

3. 密码忘记了怎么办？

答　读者忘记登录密码，请到附一号楼209室信息技术部修改。

4. 允许读者在还一本书的同时又马上将其借出吗？

答　不允许。为保障全体读者的利益，归还的图书在工作人员重新上架之后方可出借。

5. 怎样知道个人借书情况和还书期限？

答　进入图书馆主页，输入卡号和密码进行登录“我的图书馆”，查看“借书情况”。

6. 可以使用别人的借书证借书吗？

答　借书证只限本人使用，不得转借他人，违者作如下处理：
（1）凡持他人借书证借书者，持卡者和借卡者各暂停借书一个月。
（2）凡拾到他人借书证借书，作偷书论处，并视情节轻重予以治安处罚。

7. 调离学校需到图书馆办理结清手续吗？

答　按照学校规定，调离学校必须到图书馆办理结清手续后，方可办理离校手续。

8. 发现借书记录与实际情况不符，怎么办？

答　请到图书馆一楼流通部服务台查证。

9．本人因公出差或放假回家而造成图书过期，可以免除罚款吗？

答 不可以。任何原因造成的图书过期都将影响图书的流通。为避免个人经济损失，请出差和回家前查看个人借阅记录，及时办理图书归还或续借手续。如遇不可预见事件而造成的图书过期，图书馆将视具体问题酌情处理。

10．持有超期图书能否继续借书？

答 持有超期图书不能办理借书及续借手续，必须归还超期图书并缴纳超期罚款方可恢复借书。

11．读者借书时应注意什么？

答 （1）读者要爱护书刊资料，不得圈点、划道、涂抹、污损、裁割、撕毁或遗失，否则予以罚款或赔偿。

（2）借出的书刊要仔细检查，如有破损、缺页、圈点、涂划，应当声明，在借出前在流通部加盖“已处理”印记，以免还书时追究个人责任。

12．图书馆的期刊可以外借吗？

答 期刊连续性强，如损坏、丢失等不易补充，因此不予外借，只能阅览、复印。

13．如何向图书馆推荐购买新书和增订期刊？

答 进入图书馆主页中的“我的图书馆”，输入卡号和密码进行登录，单击图书采购进行推荐。

14．如何预约图书？

答 进入图书馆主页，输入卡号和密码进行登录，首先检索需要预约的图书，确认此书已全部借出，方可提出预约请求。